跟着大师学炒股

【第二版】

孙国荣 著

GENZHEDASHIXUECHAOGU

精选数百条投资大师的名言和成功人士的成功经验

以投资大师看问题的角度和方法，对投资者应具备的心态控制、资金管理、风险控制和交易方法进行了全面阐述

投资者在从一个股市新手成长为投资大师的过程中所遇到的各种困惑和问题在本书中都能找到答案

经济管理出版社
ECONOMY & MANAGEMENT PUBLISHING HOUSE

图书在版编目（CIP）数据

跟着大师学炒股/孙国荣著. —2 版. —北京：经济管理出版社，2018.4
ISBN 978-7-5096-5764-5

Ⅰ. ①跟… Ⅱ. ①孙… Ⅲ. ①股票投资—基本知识 Ⅳ. ①F830.91

中国版本图书馆 CIP 数据核字（2018）第 086947 号

组稿编辑：杨国强
责任编辑：杨国强　张瑞军
责任印制：黄章平
责任校对：张晓燕

出版发行：经济管理出版社
　　　　　（北京市海淀区北蜂窝 8 号中雅大厦 A 座 11 层　100038）
网　　址：www. E-mp. com. cn
电　　话：(010) 51915602
印　　刷：三河市延风印装有限公司
经　　销：新华书店
开　　本：720mm×1000mm/16
印　　张：22.5
字　　数：454 千字
版　　次：2018 年 7 月第 2 版　　2018 年 7 月第 1 次印刷
书　　号：ISBN 978-7-5096-5764-5
定　　价：48.00 元

前 言

股市上，有的人轻轻松松获利几倍、几十倍甚至百倍，有的人费心费力仍然亏多赢少，这是为什么？原因是方法不对。

新股民刚入市，最重要的是选对方法。并不是会几个技术指标、打探一些内部消息就可以保证长期盈利，只有把投资方法、资金管理、风险控制和心态调整这些方面都做好，才能成为股市大赢家。老股民炒股，最重要的是化繁为简，懂得坚持，最有效的方法往往是最简单的方法，只有朝着正确的方向奔跑才能成功。如果你已能长期盈利，最重要的是保持稳定，绝不要因为一次大亏就导致前功尽弃。投资者可以把本书作为案头书，经常翻阅，时时警醒，为炒股成功打下良好基础！

巴菲特说："我非常非常幸运我崇拜对了人，这很重要。"投资者要想在股市获得成功，汲取成功人士的经验是最快、最简单的好方法。本书精心挑选数百条投资大师的名言和多个成功案例，只要认真借鉴这些成功经验，定能早日在股市中赚钱！

目 录

第一部分 炒股怎样赚大钱

专注赚大钱：怎样捕捉 10 倍股

> 股市赢家法则是：不买落后股，不买平庸股，全心全力锁定领导股！
>
> ——威廉·欧奈尔

10 倍股就是涨幅达 10 倍左右的股票。如果我们专注捕捉 10 倍股，并连续成功 2 次，资金量将增长 100 多倍；若能连续成功 3 次，资金量就将达 1000 多倍。因此，获得巨额财富的秘诀不在于交易次数多，而在于能否获得超级利润，要赚大钱就要锁定 10 倍股。

常见的 10 倍股有白马股、黑马股两种。

10 倍白马股

10 倍白马股的特点：

（1）绩优成长：公司主营业务和净利润连续数年保持稳定增长，即使在经济低潮期，业务收入仍然持续增长。

（2）业务简单：主营业务单一，不盲目多元化。

（3）垄断优势：属于行业龙头股，具有竞争对手无法超越的优势。

（4）市场广阔：消费和医疗等民生行业需求旺盛，发展潜力大。

（5）热点行业：从热点行业中寻找牛股是一条捷径，彩电行业的四川长虹、黄金行业的山东黄金、造船行业的中国船舶、白酒行业的贵州茅台都是在行业升温时成为涨幅几十倍的牛股。

1. 山东黄金 50 倍

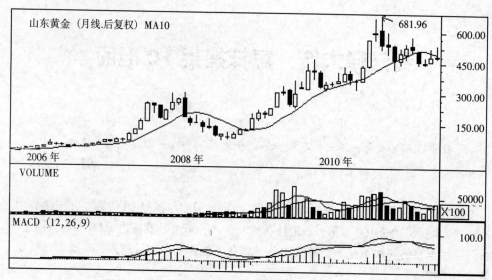

图 1　山东黄金

山东黄金（600547）2003 年 8 月 28 日上市，发行价 4.78 元，主营黄金开采和选冶加工，2001~2010 年，山东黄金涨幅达 50 多倍。

表 1　近几年主要财务指标

	2013 年	2012 年	2011 年	2010 年	2009 年	2008 年	2007 年	2006 年	2005 年
营业收入（亿元）	462	502	394	315	234	199	113	36	38
毛利润（亿元）	35.6	50.0	44.1	30.3	20.6	17.3	13.8	4.55	3.38
净利润（亿元）	11.3	21.7	19.0	12.2	7.49	6.37	3.69	1.25	0.87
营业收入增长（%）	-8	27	25	34	17	75	175	-5	146
净利润增长（%）	-48	14	55	63	17	72	54	42	50

2. 伊利股份 90 倍

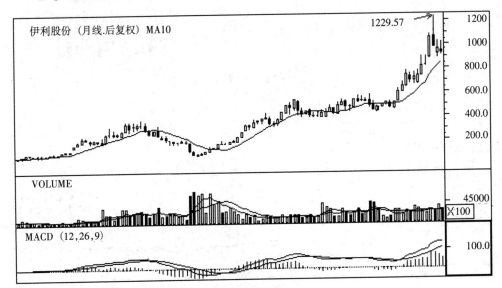

图 2 伊利股份

伊利股份（600887）1996 年 3 月 12 日上市，发行价 5.95 元，国内著名的牛奶制品生产商，经过多次送转股，复权后股价最高达 700 多元，较上市以来最低价上涨了 90 多倍。

表 2 近几年主要财务指标

	2013 年	2012 年	2011 年	2010 年	2009 年	2008 年	2007 年	2006 年	2005 年
营业收入（亿元）	478	420	375	297	243	217	194	166	122
毛利润（亿元）	135	122	107	88.9	84.4	56.9	49.3	44.8	34.8
净利润（亿元）	31.9	17.2	18.1	7.7	6.4	-16	-0.2	3.2	2.9
营业收入增长（%）	13.7	12.1	26	21.9	12.3	11.8	16.7	36.1	39.3
净利润增长（%）	85.6	-5.0	132	20.0			-106	10.8	22.6

3. 金螳螂 30 倍

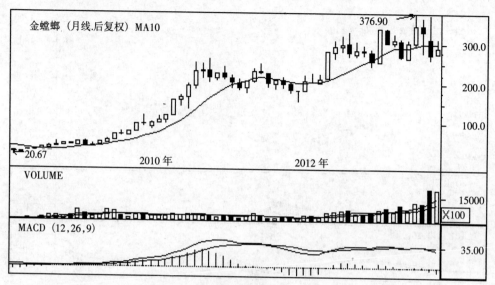

图 3 金螳螂

金螳螂（002081）2006 年 11 月 20 日上市，发行价 12.8 元，主营建筑装饰，从一个小装饰公司起家，发展到 10 多万人规模，被称为装饰第一股，上市以来涨幅最高达 30 倍。

表 3　近几年主要财务指标

	2013 年	2012 年	2011 年	2010 年	2009 年	2008 年	2007 年	2006 年	2005 年
营业收入（亿元）	184	139	101	66	41	33	34	17	12
毛利润（亿元）	27.5	19.3	13.9	9.1	5.6	4.2	3.3	2.6	1.9
净利润（亿元）	15.6	11.1	7.3	3.8	2.0	1.3	0.9	0.6	0.4
营业收入增长（%）	32	37	52	61	23	-3	95	37	31
净利润增长（%）	40	51	88	93	45	53	35	45	39

4. 贵州茅台50倍

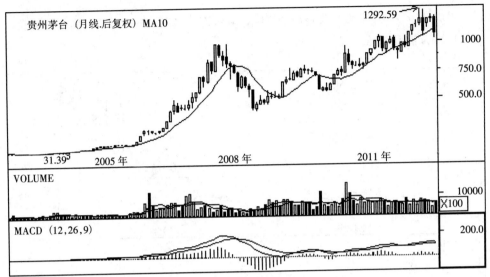

图4　贵州茅台

贵州茅台（600519）2001年8月27日上市，发行价31.39元，主营贵州茅台酒的生产和销售，贵州茅台是著名的白酒品牌，上市初股价小幅振荡，2004年后进入快速上涨期，最高涨幅达50多倍。

表4　近几年主要财务指标

	2013年	2012年	2011年	2010年	2009年	2008年	2007年	2006年	2005年
营业收入（亿元）	309	265	184	116	96.7	82.4	72.4	49.0	39.3
毛利润（亿元）	259	218	144	90.0	77.8	67.6	57.6	35.4	27.1
净利润（亿元）	151	133	87.6	50.5	43.1	38.0	28.3	15.4	11.2
营业收入增长（%）	16.8	43.7	58.1	20.3	17.3	13.8	47.6	24.7	30.5
净利润增长（%）	13.7	51.8	73.4	17.1	13.5	34.2	83.2	38.1	36.3

10 倍黑马股

因业绩爆发或受某些突发情况的影响，股价连续出现大涨的股票，称为黑马股。

1. 中恒集团 20 倍

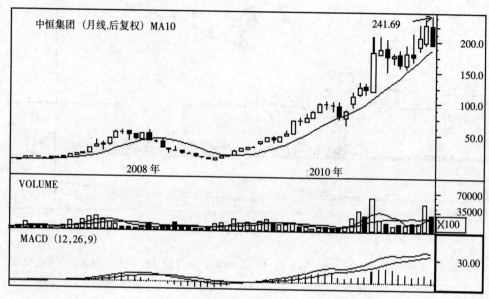

图 5　中恒集团

2008 年以前，中恒集团（600252）的业绩并不出色，2008 年后，公司退出发电站和房地产，进军中药行业，受益于主导产品"血栓通"热销，公司业绩和股价连年大涨，2008 年 12 月~2011 年 8 月，两年多时间股价上涨超过 20 倍，成为名副其实的大牛股。

2. 广晟有色 15 倍

广晟有色（600259）前身是 ST 聚酯，2009 年 1 月 19 日重组上市后，借稀土概念股价飞涨，截至 2010 年 10 月，股价最高涨幅近 15 倍，是重组牛股的典型代表。

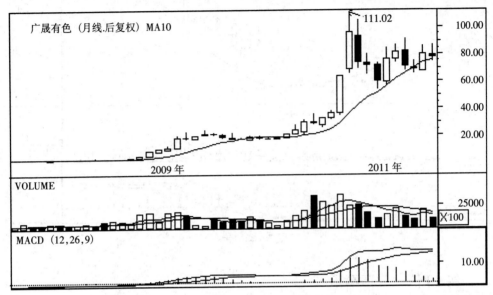

图 6 广晟有色

3. *ST 嘉瑞 40 倍

*ST 嘉瑞（000156，现名：华数传媒）在 2006 年 4 月 13 日因连续三年亏损被暂停上市，2012 年联合华数传媒实施资产重组，并于 2012 年 10 月 19 日恢复上市。个人投资者徐军在 2006 年停牌前持有 148.94 万股，为第一大流通股东，*ST 嘉瑞复牌首日成交价 14.42 元，徐军坚持六年获得约 14 倍暴利。后来，该股又继续大涨近 3 倍。

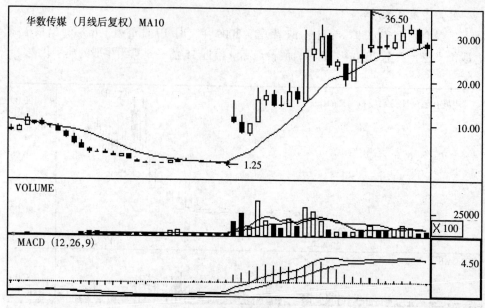

图 7　华数传媒

买 10 倍股注意事项

（1）捕捉 10 倍股，必须要有抓大行情、做大波段的操作思路。

（2）要有成功概率高、适合长线投资的交易方法，在自己的能力范围内寻找最有潜质的股票长期持有，不熟不做。

（3）在 10 倍股的成长过程中，不仅要有耐心忍受时间的煎熬，还要经得起股价的剧烈波动。只要牢记买进的理由，不轻易动摇，就会迎来光明的"钱途"。

（4）为了规避风险并使收益最大化，应遵循适度集中的资金管理原则。资金量小的投资者可同时投资两到三只股票，符合预期的股票可加仓，不符合预期的要及时清仓。

其他牛股

1. 双鹭药业九年 28 倍

双鹭药业（002038）主营药品开发和销售，2004 年 9 月 9 日上市，截至 2013 年，九年间，净利润由 3200 万元上升到 5.77 亿元，上涨 18 倍，而同期股价复权后最高涨幅达到 28 倍。

自然人股东汪滨在 2006 年第二季度是前十大流通股东之一，持有 111.7 万股，此后数年不断增持股份，截至 2014 年中报，持股已达 548 万股，获得几十倍收益，实实在在大赚了一笔。

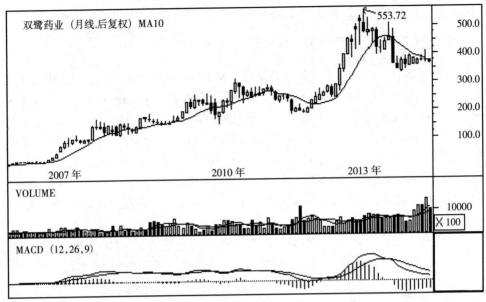

图8 双鹭药业

2. 买万科赚百倍

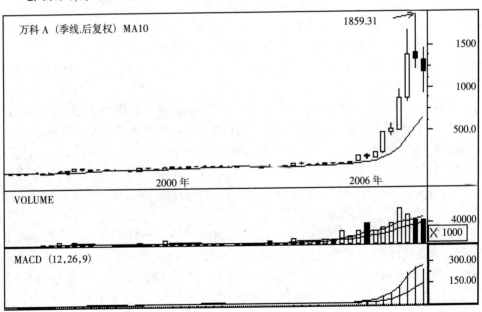

图9 万科A

从1991年1月29日万科A上市到2012年，刘元生持有万科股票超过21年。万科2012年第一季报显示，刘元生持有该股13379.12万股，股票市值超过12亿元

（最高峰时股票市值超过 20 亿元），与最初投入的 400 万元相比，增值达几百倍。

案例：老汉炒股靠智慧和勇气

金宝今年 75 岁，居住在上海市嘉定区美丽小区，他童年出生在乡村边缘的小镇上，初中毕业后进县城在供电所当电工，后来回乡务农十年，到 1992 年县商业系统招工，在饮食服务行业工作至退休。1990 年股市出现，老金决定尝试一下，把多年的积蓄 8000 多元在申银万国嘉定证券营业部开户入市，那年他花 60 元买了两张认购证，事后全部中彩，一只是陆家嘴，一只是南洋股份，等到上市抛出，轻而易举地赚了 2 万多元。后来他和妻子商量，决定扩大投资力度，把老伴原籍江苏省常熟市的一套旧房卖掉，从此，他既做交易又操作新股，手气真好，从新股中又赚进 20 多万元。1995 年，有了足够资金的老金被券商安排到了中户室。

2001 年，老金的大女儿要结婚了，他拿出 40 万元帮助女儿在南门外的美丽小区以 80 万元买下了一套 240 平方米的别墅新房，接着又马不停蹄继续炒股。

老金炒股中有两个精彩的故事。1998 年老金购买了五粮液新股 1000 股，发行价 14.77 元，回首往事，老金 1993 年买认购证中的陆家嘴上市就抛，虽然获利 1 万多元，但是事过三年，它的股价竟炒到 48.99 元，要是捂到高位时出手，又可多赚 2 万元，于是他决心把五粮液这只蓝筹绩优捂它几年再说。所以，在以后的六年多的过程中，五粮液涨涨跌跌他毫不理会，六年中五粮液六次实施了大比例送转红股，1000 股原始股变成 11138.4 股了。而且六年中他又陆续加仓买进了几千股，所以到了 2007 年 4 月股价涨至 41 元以上时，老金真是笑不动了，把手中数以万计的五粮液股票全部清仓，赚进 40 余万元。

2007 年 1 月老金以 70 元价格买进有色金属潜力股驰宏锌锗 4300 股，该股从 17 元涨到 70 元时涨幅已经翻了 3 倍。他仔细地看了资料，感到还有很大的上升空间，于是买了该股。之后利好消息频频传来，上市公司慷慨地以 10 送 10 派 20 元的优厚分红方案回报股民，到除权除息那天，股价炒到 142 元以上。老金还不出手，想看看填权行情，于是就坚决咬住这只大牛股不放松，这样持股 10 个月，直到 2008 年 4 月填权又至百元以上时才抛售，获利达 62 万元。

那时小女儿的终身大事临近了，看看房价起涨不久，他赶紧花 33 万元在常熟市买回一套高层楼房（137 平方米），同步将单位过去分得的中套住房出售，又在美丽小区大女儿住处隔壁楼面买进一套 240 平方米的二手房别墅，从此，老金夫妇和两个小家庭朝夕相处，过着美满幸福的生活。老金出生在农民家庭，没有高深的学历，入市多年的过程中，他从不道听途说，甚至分析师的言语也不听，唯恐误导自己的操作思路，他靠的是冷静思考，智慧和勇气，以及超人的毅力、韧性、耐心，其实他每年只不过交易两三只股票，却获得很好的收益。

（摘自：《新民晚报》，2013 年 2 月 14 日）

心态决定成败

投资大师怎样把握心态：

"期冀和恐惧是投机者两个最大的敌人。"

"价格变化的基本要素是人的情感。慌乱、恐惧、贪婪、不安全感、担心、压力和犹豫不定，这些是短期价格变动的主要根源。"

"你输过吗？尽快忘了它。你要是赢过，忘它忘得更快一些。不要让自我和贪婪妨碍清晰的思维和刻苦的工作。"

——理查·费尔兹

"有一天进了张臭单，一下子赔了 300 美元，心里觉得不服，一转方向又进了一张单，很快又赔了几百。一咬牙又掉转方向再进一张，就这么来回一折腾，一天就赔掉 1/3 本金。从那以后，学会了掌握节奏。赔钱不称心时，赶紧砍单离场，回家睡一觉，等一段时间再做下一次决定。"

——理查德·邓尼斯

"谨慎的投机者从来不会同市场较劲。市场从未错过——观点倒是常常犯错。"

——杰西·利物默

许多股民拿不住大牛股、反复亏损，心态不好是一个重要原因。只有保持良好的心态，才能胜不骄、败不馁，按部就班的取得理想收益。保持好心态的要素：

余钱投资

留出足够的钱应付生活开销，然后使用余钱投资。余钱投资可以减轻心理压力，心态更平和、更富有耐心是投资成功的基本要求。

目标合理

李嘉诚说："若一个人不知足，即使拥有很多财产也不会感到安心。举例来讲，如果看着比尔·盖茨的财富和你自己的距离那么大，那么你永远不会快乐。"

有些投资者希望买入的股票都能马上大涨，频繁追涨杀跌。不合理的目标实现起来非常困难，而且容易导致亏损频频、心态失衡。追求长期稳定盈利，而不是一朝暴富，是平和心态的好方法。

制订计划

不打无准备之仗。提前制订交易计划，然后严格按计划交易。交易完成后，离开市场。如果全天盯盘，很容易紧张、劳累、冲动，是不按计划交易的罪魁祸首。

尽量简单

复杂的分析方法费时费力，效果不一定好，简单的分析方法省时省力，效果却更好。

实事求是

交易时，一切以现实为准，上涨就是上涨，下跌就是下跌。不盲目猜测将来走势，不听信流言传语，不确定的事情最容易让人心态不稳。

懂得宽容

古人云："不饱真为去病方。"交易不会百分百成功，亏损必定会经常出现。即使暂时出现连续亏损，仍然要对交易方法具有信心并严格执行，长期坚持必有厚报。

适合自己

有的人性格激进、喜欢冒险；有的人性格保守、喜欢平稳。应根据自己的性格选择适合自己的交易策略：有耐心的股民可以选择长期持股；喜欢刺激的股民可选择短线投机。

巴菲特的搭档——芒格认为："每个人都必须在考虑自己的边际效用和心理承受能力后再加入游戏。如果亏损会让你痛苦，而有些亏损是不可避免的——那你最好明智地选择一种非常保守的投资和储蓄方式。你必须将自己的天性和天分融入到自己的投资策略中。我不认为可以给出一种普遍适用的投资策略。"

顺势而为

有句名言："价格是在人的头脑里订出来的，而不是在大豆田里订出来的。恐惧和贪婪可以把价格暂时推到远离所谓的实际价格之外。"

市场的发展有时会远远超出我们的想象，我们控制不了市场，只能顺势而为；否则将被打得一败涂地。

方法很重要

许多人把亏损的原因归结为心态不好，但心态好的前提是必须要有一套久经考验、简单有效的交易方法；否则，就有流于空谈的危险。

顶尖高手的操盘心态

佛语：人之所以痛苦，在于追求错误的东西。

顶尖高手从不把自己的命运交到别人手里。他们知道：打探消息、跟风、预测行情只能让自己成为任人宰割的牺牲品。他们坚信自己的技术，完全由自己的交易系统决定买入点和卖出点，牢牢把握每一次交易的主动权，不受任何消息和政策的影响。

他们知道，市场一直在不断地提供着盈利的机会，不必费力寻找，只要控制住自己的欲望，坚持按原则交易，就足够发财了。

改善性格与炒股成功

对交易者来说，最深的秘密就是放弃自己的意愿，屈从于市场的意愿。市场是真理，反映出它所承担的所有的力量。只要交易者认识到这一点，他就是安全的。当他忽视这一点时，他就会失败。

——理查·费尔兹

投资者如果清楚自己属于哪一种性格，就可以扬长避短，提高交易成功率。常见的性格有以下几种：

敏感型

敏感型的人喜动不喜静，有时精神饱满、热情高涨，有时悲观失望、怨天尤人。敏感型的人易受短期股价涨跌影响，心态不稳定。

改善方法：日常生活中，尽量避免情绪大起大落，学会自我平衡、自我调节，以平常心面对各种事件。

感情型

感情型的人感情外露，喜怒哀乐溢于言表，易冲动。投资时，敢打敢冲，容易抓住机会，缺点是主观意识强、不愿意承认失败。

改善方法：多读成功人士的名言和传记，全面了解投资的方方面面。

思考型

思考型的人善于思考、善于阅读，注重调查研究和逻辑推理，能很快总结出一套交易方法。缺点是有时过于谨慎，陷入"追求完美"的误区，走很多弯路。

改善方法：合理规划短、中、长期投资目标，容忍失误，培养轻松、果断的生活方式。

想象型

想象型的人想象力丰富，容易接受新事物、新方法，缺点是会因心情原因把一笔交易想象的过好或过坏。

改善方法：跟随市场，实事求是、扎扎实实做好每一笔交易。

举例：改变自己，获得成功

投资大师马丁·舒华兹以前总认为自己不可能犯错，他说："自从自己把自尊与是否赚钱分开来时才变成股市赢家。"

舒华兹经历了十年之久才取得成功。最初，他是一位证券分析师，经常因为亏损而濒临破产边缘。后来，他改变交易方法，以自己喜欢的技术分析为主，终于开始持续盈利。

怎样投资基金比较好

> 遭受损失是我所遇到的困难中最微不足道的。我遭受损失后从未为此伤脑筋。真正使我内心感到不安的，并非承担损失，而是我做错事。
>
> ——杰西·利物默

选择优秀的基金经理

出色的基金必定由出色的基金经理管理，彼得·林奇与麦哲伦基金，索罗斯与量子基金，巴菲特与伯克夏基金，他们都给投资者带来了长期优异回报。彼得·林奇在管理麦哲伦基金的 13 年间，年均复利报酬率达 29%，累积报酬率 2700%，而同期 S&P500 指数累积报酬率为 527%。可以说，长期跟随最出色的基金经理，是事半功倍的好办法。

选择基金经理时，应考查基金经理的长期投资业绩，特别是在一个股市牛熊周期内业绩的表现。有的基金短期业绩不错，长期表现不佳。例如：世通 1 号基金在 2010 年以 96.16% 的业绩夺得私募冠军，但两年后的 2012 年 4 月 9 日和 4 月 10 日，同一个基金经理管理的世通 8 期和世通 9 期却因净值跌到 70 元以下，被强制清盘。我们最好选择稳步上升的长跑冠军，而不是昙花一现的短跑冠军。

分析投资组合是否有缺陷

2012 年 8 月 9 日，重仓白酒股的广发聚瑞基金单位净值达到 1.262 元，并以 27.86% 的单位净值增长率排名第一。然而成也白酒、败也白酒，后来白酒股暴跌，广发聚瑞 3 个月后的净值只剩下 1.017 元，业绩排名迅速回落到 40 名以下。如果投资者高位买进该基金，损失肯定不小。所以，要分析基金的投资组合是否合理，以排除持股过于集中的赌徒式投资基金。

慎重投资新基金

基金经理没有丰富投资经验，投资业绩没有经受长期市场考验的新基金，应谨慎投资。

关注指数基金

长期来看，指数总是上涨的。美国道琼斯指数 1972 年突破 1000 点，其后尽管经历了 10 多次金融危机和大大小小的股市崩盘，2014 年 7 月仍然达到 16000 点以上。指数型基金长期业绩好于大多数股票型基金，投资指数型基金省时省力，适合没有能力或没有时间选择基金的投资者。

定投

投资大师欧奈尔说过："投资共同基金关键是要坐得住，而不是想得多。买入一个基金，要等 15 年以上才能真正赚大钱。"

基金定投是指在固定的时间以固定的金额投资到指定的基金中。定投不必考虑何时买何时卖，投资成本不会最低也不会最高，省时又省力，适合长期投资。

复利

基金分红后，如果所持基金比较优秀，可把红利继续投入，获取较高的复利收益。

基金运行指标

基金累计净值增长率：增长率越高说明长期业绩越好。

基金分红比率：能持续分红的基金，业绩通常比较理想。

与指数走势比较：如果一只基金大多数时间的业绩表现都好于指数，就是一只优秀的基金。

与其他同类型基金比较：数年内，收益持续保持领先的基金是好基金。

怎样长期持股赚大钱

举例

交易大师斯坦利·克罗以 2 美分/磅的价格建立了庞大的原糖期货多头仓位，建仓后糖价一度跌到了 1.33 美分/磅，克罗亏损了 30%，他在进一步确认自己的判断后选择持仓不动，直到 5 年之后才平仓，获利 500 倍以上。克罗说："在衡量了巨大的财务风险、紧张、寂寞、疑虑，甚至莫名的恐惧，当然这都是期货交易的经常伴侣，你不应该只以获利为满足，暴利必须成为你的目标。"

通过长期持股获取暴利，需要注意以下几点：

1. 持有优质成长股

菲利普·费雪曾说："大部分投资人终其一生，依靠有限的几只股票长时间持有，就可为自己或者后代打下成为巨富的基础。这些机会存在的地方，不见得必须在大恐慌底部的特定一天买股票……投资人需要具备的能力是分辨提供绝佳投资机会的少数公司，以及数量众多但未来只能略微成功的或彻底失败的公司。"

长期来看，大多数股票表现平庸，只有优质成长股才能在长期业绩增长过程中给投资者带来巨大的财富。

成长股通常具备以下几个特征：

（1）行业龙头。像巴菲特长期持有的吉列、华盛顿邮报、可口可乐等都是行业、区域内的龙头企业，中国的贵州茅台、云南白药等公司也属此类。

（2）持续成长。企业主营收入、净利润逐年稳步上升，即使在经济低迷期，销售情况依然不错。

（3）信誉良好。忠实的用户是企业成长的基石，良好的信誉才能造就百年老店。以次充好、不尊重消费者权益的企业不可能长久的发展下去。

（4）潜在市场大。长期牛股大部分出自与百姓生活密切相关的消费、医药等行业，这些行业潜在用户数量庞大，只要做得好，不愁没有销路。

2. 价格

巴菲特曾说："买入一家优秀公司的股票时支付过高的价格，将抵消这家绩优企业未来十年所创造的价值。"

也就是说，即使买入优质成长股，如果买入价格过高的话，长期持股仍难获大利。巴菲特的选股建议是：好股票＋一般价格。比较安全的做法是：在股价的阶段性底部买入。

3. 投机

有些投资者不甘寂寞，把准备长期投资的股票改做短线，希望能增加收益。但是短线操作并不容易，成功率不高，而且短线做多了，会抛弃长期持股理念，从根本上违背了最初的投资计划。

4. 估值

如果股价大大超过股票应有的价值，就不一定要坚持持有，可择机卖出，等股价回落后再重新评估是否介入。巴菲特交易中石油就是一例：中石油股价大涨后，其总市值远超国际大石油公司，大大超过了其应有的价值，巴菲特选择了果断减持。

5. 卖出

交易大师斯坦利·克罗在回答"仓位应该持有多长"时说："亲爱的，要多久就持有多久，只要趋势继续对自己有利，或者让你上船的理由没有发生改变，你就必须抱紧仓位，不管是几个星期、几个月甚至几年。"

三年赚了 200 万元

> 我通常是在人们对股票市场失去信心的时候购买，但是在中国的市场，人们总是很踊跃的购买，当然他们有很好的理由。近年以来，我已经不像两年前那样，容易找到被低估的股票了，我不知道中国股市的明后年是不是还会涨，但我知道价格越高越要加倍小心，不能掉以轻心，要更谨慎。
>
> ——巴菲特

举例：一个老股民的经验

说起来，我是老资格的股民，1996 年大学毕业，在国营企业工作，闲的无聊，就跟办公室的同事一起炒股。那时候很傻，什么也不知道。只会看报纸，听股评，他们推荐哪个，我就看看，如果觉得还不错就买，不过投入的钱也就 1 万元左右，不多。大多数买了后就套牢，然后等，解套了跑，没赚什么钱也没亏。

2005 年初，我做生意积攒了大概 50 万元，是我的全部家当。网络上听别人推荐，买过一只股，还赚了大概三四万元，后来，又听那人推荐，我就把全部家当 50 万元买入那只股，结果买了不仅不涨而且小跌，套住了。我想我有耐心等，等啊等，越来越低的价位，我心情可以说是糟糕到了极点，最后，慎重研究，觉得买的那个公司没前途，半年左右赔了近 10 万元割肉出局！

割肉出来后，我心痛啊，毕竟是自己多年辛苦赚来的钱，而且是一大笔钱。记得，我那时候哼唱的一首歌曲是：从头再来！但痛定思痛，我总结出，不能听消息买股，不能看股评买股，一定要投资，一定要抱着一颗平常心，对于漫天飞的股评信息，别人吹嘘赚了多少多少，涨了多少多少，自己冷眼旁观。

很幸运，那个时候我接触到了巴菲特的一些思想，就是做投资，买入一只股票不要想着刚买入就赚钱，要有持有 10 年的打算。

2005 年股市也极度低迷，跌的惨不忍睹，当时国家要股改，宝钢提出了未来三年年分红不低于 0.32 元/股。而且，宝钢集团还承诺，拿 40 亿元买宝钢股份（600019）的股票，价格是不超过 4.53 元/股，2005 年 10 月我把所有的钱投入买了宝钢，共 10 万股左右。

当时的想法很简单，我想我拿宝钢三年，每年的分红我能拿 3 万元，三年后，就可以把我在股市里的亏损弥补回来了，根本没想赚多少多少，因为分红率每年也有 7% 左右吧。

但买入即套牢，宝钢集团还有钱低位继续买，而我却没一点钱了。宝钢的股价最低跌到了 3.76 元，我算账面又亏损了近 10 万元，不过，我没想割肉，心里只有一个念头：宝钢倒闭不了，我的钱还能回来，而且有优厚的分红，我与宝钢共存亡！

2006 年，轰轰烈烈的大牛市开始了，指数从最低的 998 点开始，1100 点、1200 点、1500 点、1600 点，直到 1800 点，但我买的宝钢还是萎靡不振，老在 4 元附近徘徊，别人都热火朝天地喊赚了多少多少，我还没解套！

期间要说心情很好，那是假话，但我心中的那个念头依然不灭，我誓与宝钢共存亡！2006 年 10 月，宝钢的三季报出来了，就是我耐心拿了整一年后，宝钢的股价也坐上了火箭，很快反弹到 8 元、9 元，我几乎已经翻番了！2007 年夏天，我终于把拿了两年的宝钢卖了，这笔交易，给我的回报超过 200%，而且还有两年的分红钱。随后，主要是买新股，没有再大规模买入股票，因为我觉得股价高的太离谱了，宝钢居然神奇地到了 22 元多！

截止到今，股指又回到了 2000 点内，如今的我，手上已经有了 200 多万元。而且，刚刚满仓，又买入了一家大盘蓝筹股。我还是那句：誓与该公司共存亡！我不怕大小非，我想公司有价值，谁都会看出，那谁会卖，卖的才是傻瓜，因为年分红都超过国债了，你有什么担心的？我不怕套牢，就算指数重回 1000 点，我依然很乐观，毕竟经历过才明白！我也不怕经济危机，只要地球不毁灭，总归会过去，我投资的大蓝筹每天还是在为我赚钱的。

我准备拿五年，目标是翻一番，到 500 万元！

最后，我给依然还在红绿 K 线里迷茫的投资者朋友几句忠告：把自己看成一个小小股东，不要炒股，你赚的钱是靠你发现的公司给你的回报。还有，你的耐心与你赚的钱成正比，不要整天追涨杀跌中迷失自己，为了点蝇头小利而看不清大方向。再说一句，股市里永远是一赚二平七赔，你只要不亏，不要眼红别人发大财，就永远是股市的赢家！

（摘自：中国证券网，2009 年 1 月 20 日）

怎样把握最佳交易时机

根据市场大势选择时机

　　股市每隔几年都会有一波大涨和大跌，大跌后往往就是买入的最好机会，如1995年、2005年、2008年都是逢低买入的最好时机。从历史行情看，当平均市盈率达15倍左右或者大多数人过度悲观不再买入股票时，离市场大底就不远了；当平均市盈率达50倍以上或者人们极度乐观都在谈论赚了多少钱时，离大顶就很近了。如图1所示。

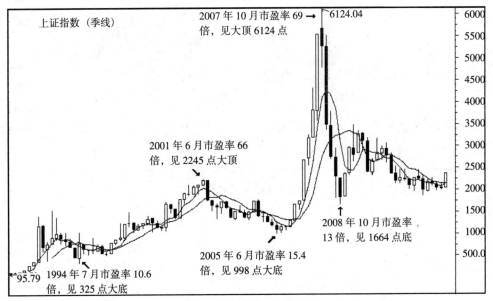

图1　上证指数（季线）

成长股逢低买入

成长股股价大跌时是较好的买入时机，以巴菲特买入运通股票为例。1963 年，美国运通公司卷入"迪·安杰利斯豆油丑闻案"，迪·安杰利斯是全球重要的豆油经纪商，以虚夸的豆油库存量为担保向 51 家银行贷款，企图控制全球豆油市场。然而，1963 年 11 月豆油期货市场崩盘了，因向迪·安杰利斯提供担保，运通公司损失了 6000 万美元，股价从 65 美元跌到了 35 美元。此时，巴菲特对运通公司的运营状况进行了详尽调查，发现公司的支票业务并未受到影响，价格大跌提供了买入的机会，于是巴菲特不断买入，到 1964 年 11 月共买入 430 万美元，占巴菲特合伙公司投资总额的 1/3。一年后，运通股价大涨到 73.5 美元。

根据 K 线形态选择时机

利用 K 线形态，也可以较好把握交易时机，如图 2 所示。

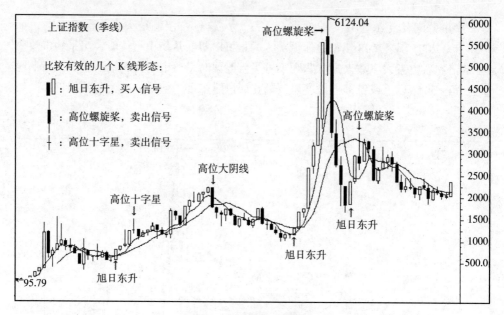

图 2　上证指数（季线）

耐心获暴利

有耐心的人会拥有他所希望的一切。

——富兰克林

不要因为失去耐心而退出市场，也不要因为迫不及待而进入市场。

曾有这样一则新闻：美国百岁老太格蕾丝离世后，将700万美元的遗产捐赠给了母校。格蕾丝终生未婚，并且退休前只当过43年的普通秘书，她究竟如何存下这笔巨款，引发了大家的好奇心。格蕾丝的好友披露，老太的700万美元巨款，竟然全都是来源于她在1935年购买的180美元股票！原来1935年，格蕾丝以60美元一股的价格认购了她当年工作的公司——美国雅培公司发行的3股股票，这180美元的股票她从来没有卖出过，在接下来的75年中，180美元投资像滚雪球一样越滚越大，最后竟滚到了现在惊人的700万美元！

长线持股要经受各种消息的袭扰和股价大幅振荡的恐惧，要想长线获暴利，就必须忍受漫长的市场折磨。

著名基金经理彼得·林奇曾说："我想我肯定有意无意地忘记了许许多多自己被假象所愚弄的例子。在一只股票价格上扬之后继续坚决持有，往往要比股价下跌之后继续坚决持有困难得多。如果我感觉到自己有被假象愚弄而出局的危险，那么我会重新审视一下自己最初购买这只股票的理由，看看现在和过去相比情况有否不同。"

简评：不要轻易放弃千挑万选的好股票，不要轻易放弃千辛万苦总结的好方法，如果再多一点耐心，我们一定会做得比现在更好！

投资方法：趋势为王

> 最佳的盈利方法就是跟随趋势。

> ——理查·费尔兹

技术面趋势分析

技术分析派认为市场价格变化如同物体运动一样，具有一定的方向和惯性，趋势分析就是顺应价格波动方向，尽量抓住大的波动，忽略小的波动。

无论是长期趋势还是短期趋势，研究方法基本相同，只是应用周期（年线、季线、月线、周线、日线、分钟线）不同。

几种辨别趋势的简单方法：

1. 波浪理论

上升趋势：价格波动构成的波峰和波谷逐次升高，如图1所示。

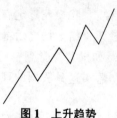

图1　上升趋势

下降趋势：价格波动构成的波峰和波谷逐次降低，如图2所示。

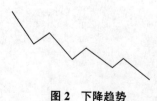

图2　下降趋势

振荡趋势：价格波动构成的波峰和波谷大致趋平，如图 3 所示。

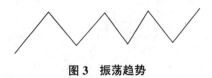

图 3　振荡趋势

2. 趋势线

找到两个主要的顶部或者底部，然后正确地连接它们，就形成趋势线。向下跌破上升趋势线时，是卖出信号；向上突破下降趋势线时，是买入信号。只有当收盘价与趋势线有一定的差价（如 3% 以上）或者收盘价连续 N 天低于或高于趋势线时，才能确认突破有效，如图 4 所示。

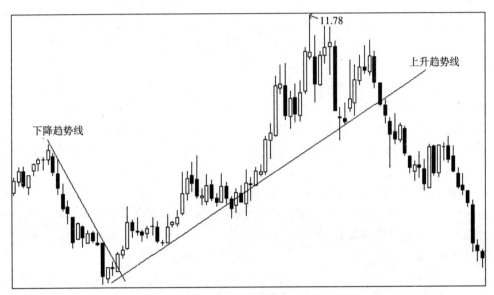

图 4　趋势线

3. 均线

移动平均线是观察价格趋势最常用的方法。实战中，选取一两条简单的均线，按均线方向操作即可，如图 5 所示。

趋势分析注意事项：

（1）只有出现反转信号时才可以交易，不能随意违反交易规则。

（2）趋势分析在振荡行情中效果不佳，但振荡行情结束后会紧跟一波大的趋势行情，因此，在振荡行情中也要坚持按原则操作，这样才不会错过后面的趋势行情。

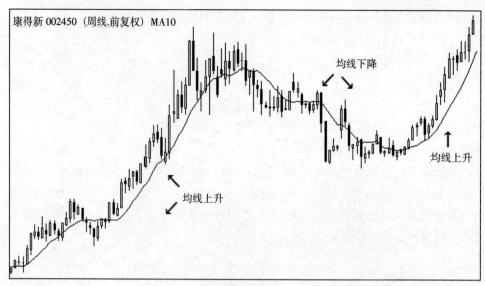

康得新 002450（周线.前复权）MA10

均线下降

均线上升

均线上升

图 5　均线

（3）技术分析反映的是目前的市场状态，不能预测股价未来的走势。遇到趋势反转时，要注意及时平仓。

（4）趋势分析是右侧交易，价格变化一定幅度后才会有交易信号，所以，按趋势方法交易时，会损失行情初期和末期的利润。根据鱼身理论，趋势分析就是去掉鱼头和鱼尾，只吃利润丰厚的鱼身部分。

（5）长周期趋势分析（如月线）的优点是可以抓住一波大行情，缺点是入市信号滞后，会损失一部分利润。短周期趋势分析（如日线）的优点是对行情起动和结束反应灵敏，缺点是波动较小的振荡行情会造成很多亏损 。投资者应根据自身性格和喜好确定使用哪一种方法。

4. 基本面趋势分析

基本面趋势分析是以股票的基本面因素为基础，对宏观经济、行业背景、企业经营能力、财务状况等进行全面研究与分析，并根据企业的发展前景判断未来价格走势。

例如：医药行业龙头股天士力（600535），医药行业前景广阔，公司优势产品热销，主营收入和净利润指标连年上升，因此，股价保持了长期上升趋势，如图6所示。

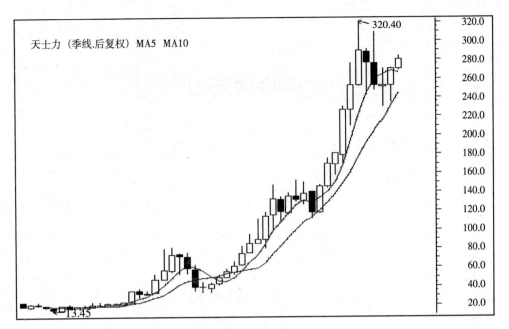

图6　天士力

完美导致亏损

最好是好的敌人。

——伏尔泰

任何交易方法都有优点和缺点，牛市中，短线交易不如长期持股，振荡市中，短线交易获利机会更大。任何交易方法只能赚取特定条件下的利润，还没有哪一种方法可以把所有利润都一网打尽。因此，只要能获得不错的长期收益，我们就应该接受一个有缺陷的交易系统。有些投资者希望自己的交易方法能更好一些、更完美一些，但往往是改正了一个缺陷后又出现了新的缺陷，反反复复徒劳无功。

著名投资家江恩先生年轻时曾取得惊人的交易成就，投资成功率高达80%左右。到了晚年却固执地研究角度线、圆形、三角形、正六方形等各种复杂技术图形，还利用星象学预测市场，企图创造一个在任何情况下都有效的完美的交易方法，但最后以失败告终。

很多投资者做一笔交易不仅要听消息、参考技术指标、查基本面资料，还研究盘口语言和庄家动向，总以为同时使用多种方法可以确保万无一失，但实战效果并不好，盈利并没有显著增加。

十全十美的东西并不存在，如果盲目追求最好而使行为复杂化，就离成功越来越远了。

做一个成功者——反向操作

> 不随波逐流有时候会让你成为一个孤独的人，但事后你会发现，正是这样的反向操作给你带来了收益。
>
> 进行与众不同的投资吧，做一个逆向投资者！当几乎所有人对前景不乐观时，他们可能错了，前景会越来越好；当几乎没人担忧时，就是该谨慎小心的时候了。
>
> ——安东尼·波顿

反向操作指在多数人疯狂看多的情况下卖出股票，多数人极度看跌的情况下买入股票。股票市场向来是亏钱的人占大多数，赚钱的人很少，如果你与大多数人采取一样的交易策略，是不可能长期赚钱的，只有与众不同才能赚大钱。

举例：基金发行难，反是入场时

2007年第三季度是股市最红火的时候，股票型基金非常热销，但当时争先恐后的买入者都买在了市场顶部。2008年下半年股市低迷，股票型基金发行困难，但当时新发行的基金大都抄到了市场大底。

据统计，2009年净值增长前8名的偏股型基金中有4只是2008年下半年成立的，这4只基金把握住了2009年行情爆发前的建仓良机，都取得了100%以上的净值增长率。因发行时市场低迷，这4只基金首发规模都很小，除1只基金13.88亿元外，其余3只基金首募规模都未超过4亿元。

举例：反向操作成就百亿身家

约翰·保尔森是美国一家对冲基金的总裁，因在2008年金融危机中大肆做空而大获成功，被称为"华尔街空神"。

金融危机爆发之前，美国房地产市场依然一片繁荣。2006年7月，约翰·保尔森经过理性分析，认为房地产市场正面临极大危机，于是筹集资金开始做空。可随后几个月，房地产市场并没有下挫，保尔森开始亏损。在调查分析后，他坚信自己的判断没有错。2007年，次贷危机终于爆发，保尔森管理的两只基金因做空迅速升值

590%、350%，基金总规模上升到了 280 亿美元。保尔森这一年的收入达到了 37 亿美元，一跃成为 2007 年度最赚钱的基金经理。

2008 年，当美国各大金融机构继续深陷危机、临近破产时，保尔森再度反向出手，投资英美最大的几家金融机构，成功抄底。截至 2010 年，保尔森以 120 亿美元身价位列福布斯全球富豪榜第 45 位，成为次贷危机中最大的赢家。

怎样才能长期盈利

> 我把确定性看的非常重。承受重大风险的根本原因在于你事先没有考虑好确定性。
>
> ——巴菲特

要实现长期稳定获利，需做好以下几方面工作。

模拟交易

新手在实战前必须进行模拟交易。模拟交易的目的是在没有心理压力的情况下总结一套行之有效的交易系统。如果没有模拟交易，或者只经过短时间的模拟交易就进入实战，就如同医生没经过实习就上手术台，风险不言而喻。磨刀不误砍柴工，为了保证资金安全和更快实现盈利，在长期的模拟交易中磨练心态、完善技术是非常有必要的。

有效的方法

多次荣获美国投资大赛冠军的雷恩在谈到交易方法时说："我研究以前杰出股票的范例，把它们在行情发动之初的形态深深印在脑海里。"

在正式交易前，首先要有一套能稳定盈利的交易方法，盈利目标不要设定过高，力求简单、易行。更重要的是，交易方法必须经过模拟交易和实盘交易的测试，证明稳定可靠后才能大规模实战应用。

资金管理

资金管理主要达到两个目的：一是交易出错时避免大亏；二是交易正确时获取大利。即截断亏损、让利润奔跑。

资金管理遵循以下原则：

（1）新手入市，投入的资金坚持闲散、少量、自有三个原则。新手在技术和心态上都不够成熟，亏损概率高，使用少量、自有资金可减轻心理压力，做到稳定盈利后，再逐步加仓。

（2）资金分配采用适度集中的原则。资金过于分散会牵扯太多精力，即使买到一只牛股，因买入数量太少而收益不大；资金过于集中则风险过大，一次大的失败就能毁掉以往所有的利润。普通散户投资者以集中投资 2~3 只股票为宜。

（3）买入后，若股票仍然符合买入条件可继续金字塔式加仓，与预期不符的股票则不要犹豫，迅速减仓。

争取大赚、避免大亏

把大赚作为设计交易系统的首要目标，并使用止损来避免大亏。小亏小赚对发财无益，大赚才是资金飙升的不二法门。大多数投资大师都是靠少数大赚交易成就非凡事业的：索罗斯狙击英镑大赚 10 亿美金，巴菲特长期重仓持有可口可乐、富国银行、华盛顿邮报等赚取了常人不可想象的利润。

按计划交易

再好的计划不能坚持执行就等于没有计划。交易前要制定交易计划，交易时只按照计划交易，与交易无关的消息、股评等信息一概不予理会。长期盈利对心态有很高的要求，只有心态平和、懂得坚持才能取得长期的胜利。

常用交易方法介绍

　　我知道，我无法预测任何事，这就是我们决定采用趋势跟踪策略，也就是我们获得成功的原因。我们只是进行趋势跟踪。不管在开始的时候趋势看起来多么荒谬，不管趋势怎么发展，也不管在结束时，趋势看起来是多么没有道理，我们都要跟随它。

——约翰·亨利

价值发现法

　　价值发现法就是通过调查、研究、分析等方式，参考市盈率、市净率、净资产收益率、现金流量等指标发现发展前景好、价值被低估的个股。运用此法最成功的非巴菲特莫属，他通过寻找有足够安全边际的成长股获得巨大成功。A股市场上，投资者可寻找主营业务发展前景良好且有一定垄断优势的股票，在股价大幅下跌后逢低买进、长期持有。

综合选股法

如威廉·奥尼尔的 CANSLIM 选股模式：

C：季度收益稳步增长。

A：年度收益稳步增长。

N：开发新产品、新市场。

S：流通股本小。

L：股价强势。

I：有大机构进驻。

M：判断股市大势。

趋势跟踪法

　　趋势理论是指一旦股价形成了上升（或下降）的趋势后，就会沿着上升（或下降）的方向运行一段时间。趋势跟踪法利用均线、趋势线、波浪理论、技术指标等工具判断市场是处在上升趋势还是下降趋势中，并在趋势形成初期介入，趋势结束后退出，如图1所示。

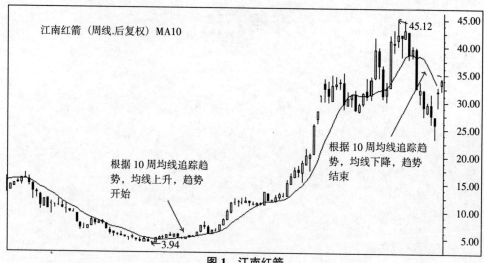

图1 江南红箭

波段交易法

波段交易法是指在一波长期趋势中利用均线、量能、技术指标等进行低买高卖的短线操作，有些投资者认为波段操作相比长期持股更能增加收益、规避风险。如图2所示。

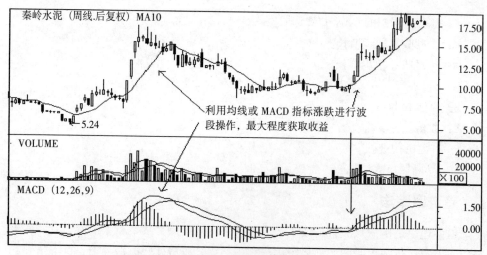

图2 秦岭水泥

技术分析须知

> 确定市场动向的最清楚和最容易的方法是根据旧高和旧低。高于旧高和旧低标志着向上的走向，低于旧高和旧低标志着朝下的走向。
>
> ——理查·费尔兹

（1）每一种优秀的技术分析方法都是千锤百炼出来的。在向股市投入重金之前，我们要不厌其烦地利用模拟交易和实战交易进行练习，获取盈利成功率、最大盈利数、最大亏损数、最多连续亏损次数等重要数据，了解交易方法的优点和局限性，做到心中有数，不被暂时的亏损和困难吓倒。

（2）每一种技术分析方法在某些情况下很有效，某些情况下无效或效果很差。目前，还没有百分之百有效的交易方法，投资者最好的交易策略是：在方法有效时尽力多赚取利润，在方法失效时及时止损、保住本钱。

（3）有时候，你一开始就拥有了一个好方法，但你不相信它，又去寻找更好的方法。一段时间以后，你会惊讶地发现还是原来的方法好。所以，如果现在的方法可以盈利，就没有必要再改来改去。即使每次盈利不多，长期的复利效应也会使其变成一笔很大的财富。懂得坚持，是成功的必要条件。

（4）分时图、分钟图和日线图波动频繁且容易被控制，盈利空间小。周线和月线更能清晰显示一波大的行情，想赚大钱，不妨把眼光放远一些，从大处着眼。

有关消息和预言

遵循你预定的交易计划——一套经过实践检验、行之有效的原则或者是模式，他们可以帮你做出决断。

——利奥·梅拉梅德

股市格言：扩充你的市场信息来源；限制你的市场意见来源。

名人名言：不要给别人出主意——聪明人不需要，傻瓜不会听你的。

股市格言：新闻总是尾随市场之后。

西方谚语：那些相信报纸头条的人最终的命运就是卖报纸。

股市格言：无视所有的预言。金钱的世界是一个以人的行为勾画出的世界。在金钱世界里，没有一个人对将来会有丝毫的概念。记住这个词：没有一个人。所以，成功的交易者不是把自己的行动建筑在"什么是应该发生的"，而是对"所发生的事作出反应"。

巴菲特：我的工作不是预测大盘走势或是商业周期波动。如果你认为我能做到这一点，或者认为这是一个投资项目不可或缺的要素，那么你也许不应该留在我们的合伙公司。

巴菲特：就算美联储主席格林斯潘偷偷告诉我他未来两年的货币政策，我也不会改变我的任何一个作为。

找出你的获利模式

除非你真的了解自己在干什么，否则什么也别做。假如你在两年内靠投资赚了 50%的利润，然而在第三年却亏了 50%，那么，你还不如把资金投入国债市场。你应该耐心等待好时机，赚了钱获利了结，然后等待下一次的机会。如此，你才可以战胜别人。

所以，我的忠告就是绝不赔钱，做自己熟悉的事，等到发现大好机会才投钱下去。

——吉姆·罗杰斯

沈昆主要从事台湾指数期货交易，曾经五年内获利新台币 2200 万元，他的成功经验是：

我尝试过 30 多种程序交易，但没有一种是绝对正确的，最成功的两三种也不过四个多月连续获利，我自己也写过几种程序交易，并且搭配我的人工看盘技巧，结果是短线我用人工的方法获利比较好，长线用技术分析程序比较好，越简单的技术分析越有大的获利空间，但也相对暗藏危机，我举例来说：3 个指标（KD、MACD、威廉指标）我曾交互运用获利高达 6 倍（当时只有新台币 25 万元赚到新台币 150 万元），结果也因为这 3 个指标在短线再亏到变成新台币 15 万元，"怎么来就怎么去"还真是不变真理，你得自己找出你的模式。

第二部分 成功秘诀：风险控制

钱易赚难保

永远不要让一场大赢的交易转变为输家。如果市场使你的盈利从最高处下滑了20%，止损出市。

——理查·费尔兹

成功的交易员都明白：钱易赚难保。为了保住利润，就必须设置止赢。投资者可在达到盈利目标、利润回撤到一定比例、跌破设定的技术位置后选择退出。

不甘心是不能止赢的主要原因。有些投资者因为股价回落而不愿止赢，希望股价再回到最高点附近。但是，利润最大化从来都是可遇而不可求的，顺势而为，赚到能赚的钱就很好了。如果不顾现实，一味追求最高利润，最终可能什么也没得到。

托尔斯泰写过一则故事：一位农夫每天早出晚归耕种着一小片贫瘠的土地，累死累活，收获甚微。一位天使可怜他的处境，对农夫说："只要你不停地往前跑一圈，你跑过的地方就尽归你所有"。于是农夫兴奋地往前跑去，跑累了想停下来休息一会儿。然而，一想到眼前可以得到的大片土地，就又拼命地往前跑，最终无法满足贪婪，农夫心力衰竭，倒地而死。生命没有了，土地没有了，欲望也随着农夫一同逝去。

为什么必须设置止损

> 许多新的投资者在"不可能再低"的观念下入市购买下跌的宝丽来股票。他们中许多仍后悔当初的决定，因为事实上，宝丽来股价一直在继续下跌。这只股票最终在一年内从每股 143.5 美元跌到了 14.125 美元，这时才到了不可能再跌的地步，但对于持有"不可能再跌"理念的投资者来说，损失实在太大了。
>
> ——彼得·林奇

发生亏损后，要赚多少才能回本？如表 1 所示。

表 1　亏损与回本对比

亏损比例（%）	翻本需要的获利比例（不含手续费）（%）
5	5.26
10	11.11
20	25.00
30	42.86
40	66.67
50	100.00
60	150.00
70	233.33
80	400.00
90	900.00
100	出局

可以看出，亏损 40% 后再想赚回本钱就很困难了，更谈不上何时可以盈利了。因此，要在股市上稳定获利，首先要做到的是及时止损、保住本钱，同时择机进攻、获取利润。

举例：巴林银行倒闭案

尼克·利森是英国巴林银行新加坡分行的经理，1994 年底，利森认为日本股市将会上升，于是未经批准就开始做高风险的"套汇"衍生品交易，期望利用不同地区的差价获利。他先是买进价值 70 亿美元的日本日经股票指数期货，然后又在日本债券和短期利率合同期货市场上做空 200 亿美元。然而，日经指数并没有像利森预想的那样上涨，反而一路下挫。1995 年 1 月日经指数跌到了 18500 点以下，在此点位下，每下降一点，利森就损失 200 万美元。为了挽回败局，利森试图通过大量买进促使日经指数回升，但失败了。日经指数一跌再跌，利森越亏越多，眼睁睁看着 10 亿美元化为乌有，而整个巴林银行的储备金也只有 8.6 亿美元。尽管英格兰银行事后采取了一系列的拯救措施，但都没有奏效。1995 年 2 月 27 日，英国经营了 233 年的皇家银行——巴林银行宣布倒闭。

利森在看错市场方向后不是承认错误尽快止损，而是在错误的头寸上不断加码，试图与市场对抗，结果越亏越多，最终惨遭失败。

可以毫不夸张地说，设定止损是交易者能否最终获得成功的必要因素！

怎样有效设置止损

　　止损实质上就是以小亏赌大盈。实施止损表示这次交易看错了方向，但能及时止损、避免大亏又代表这是一次成功的交易。凡是成功的交易者，肯定是善于止损的人。优秀的止损策略可以对资金起到有效的保护作用，投资者可选择一种或两种适合自己的止损方法。

资金定额止损

　　资金定额止损是最简单的止损方法，是把一定量的资金作为最大亏损额，一旦亏损超过该资金量就迅速平仓。简单地说，就是一次亏损不能超过多少钱。此方法的优点是投资者不需要做过多分析，简单易行。

　　著名投资人拉瑞·威廉姆斯曾在一年时间里将1万美元变成了110万美元，他说："我发现的最好的止损方法并不是那些所谓的魔术般的价格位。我不相信这一点，这是荒唐的。我认为止损的目的在于保护你的交易。我的止损基于资金数量上。我知道我不可以损失超过xx数量的资金，我不在乎在这个位置的价格处于图表的什么部位。我的资金必须得到绝对的保护，它的重要性大于一些神秘的价格位置。我有我可以容忍的最大资金损失量，这就是我的止损。"

股价百分比止损

　　投资大师奥尼尔的止损原则是：如果股价跌到买入价的7%以下，就坚决按市价卖掉——绝不犹豫、绝不作任何猜测和幻想！

　　股价百分比止损通常把止损位置设在5%~10%，具体位置由投资者根据自己的习惯和承受能力决定。长线投资和短线投机应采用不同的止损比例，超短线交易讲究快速盈利，一旦不能快速上涨就要迅速撤出，止损距离也要设置的小一些，不超过3%为宜。不同敏感度的股票也应设置不同的止损比例，一般而言，股性活跃、波动幅度大的股票，止损距离可设大一些；股性不活跃、波动幅度小的股票止损距离应设小一些。

近高近低止损

大多数情况下，近期低点和近期高点附近是较强的支撑区和压力区。做多时，止损位设在近期底部之下；做空时，止损位设在近期底部之上，如图 1 所示。

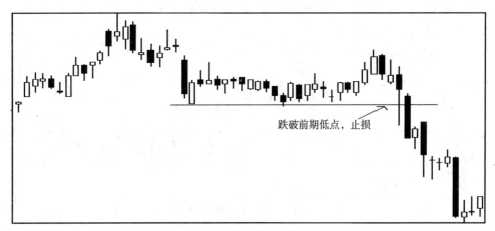

跌破前期低点，止损

图 1　近高近低止损

形态止损

价格突破头肩顶、M 头、圆弧顶等形态的颈线位时止损，如图 2 所示。

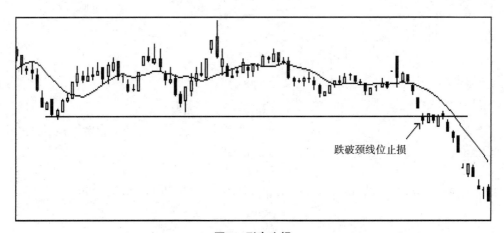

跌破颈线位止损

图 2　形态止损

均线、趋势线止损

该方法以上穿或下穿某根均线、趋势线作为止损设置。采用均线时，短线一般使用 5 日均线或 10 日均线，中线一般使用 20 日均线或 30 日均线，长线可采用半年线或年线，只有当连续几日突破均线（如连续 3 日）或者突破距离达到一定幅度（如 3%）才算是有效突破，如图 3 所示。

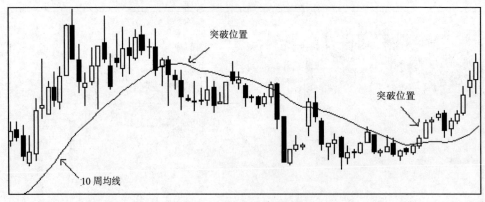

图 3　均线、趋势线止损

指标止损

利用 KDJ、MACD 等指标形成死叉、SAR 指标跌破转向点且翻绿等方法止损。如图 4 所示。

图 4　指标止损

买入理由止损

当买入的理由不再成立时，立即止损。

K 线止损

做多时，出现乌云压顶、黄昏之星、穿头破脚等典型见顶 K 线组合；做空时，出现旭日东升、早晨之星、单针反转等典型见底 K 线组合。如图 5 所示。

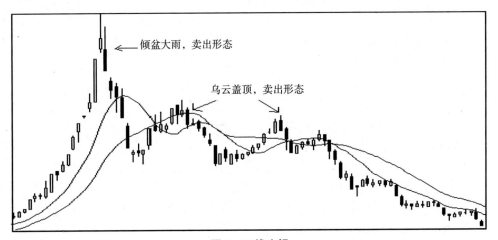

倾盆大雨，卖出形态

乌云盖顶，卖出形态

图 5 K 线止损

止损注意事项

（1）做多买入股票时，止损位置不能因为股价下跌而向下移动；做空卖出股票时，止损位置不能因为股价上升而向上移动。

（2）在什么位置、何时止损并没有十分完美的规则，如在振荡行情中，跟踪趋势的交易方法就会发生频繁止损的情况。但这是交易的一部分，是追求利润过程中必须付出的代价，我们追求的是以小的代价规避大的损失。

（3）如果资金管理做得好、抗风险能力强，可以大幅放宽止损幅度。放宽止损可以屏蔽掉大趋势中的振荡行情，避免被中途振出，特别适用于大波段、大趋势行情。

怎样严格执行止损

为什么止损执行难：

（1）侥幸心理。亏损时心里不舒服，希望价格反弹，减少损失。

（2）不承认失败。总认为自己没有错，市场要按自己的想法走。

（3）止损设置过于复杂。执行时犹豫不决，错失良机。

（4）止损方法未经充分验证，执行时没有信心。

怎样做到严格执行止损：

（1）要认识到，个人的看法并不代表市场真实走向，自己的看法不会总是正确的，要跟着市场走，做到主动止损。

（2）严格按计划交易。交易者最大的错误是把一切都寄托在希望上，但希望代替不了现实。

（3）把曾经有过的最大亏损交易张贴于醒目之处，时时警醒。

（4）每次交易都认真记录下来，并检查是否严格执行了交易计划，逐步增强按计划交易的能力。

止损的误区

止损的目的是为了避免亏损持续扩大，不能及时止损主要是存在以下几个误区。

误区一：亏损不算赔钱

有投资者认为：只要不割肉就不算真正赔钱。但是把亏损股票长期放着不动，资金就会被套牢不能继续使用，即使有了好的赚钱机会也只能干着急而无法利用。如果仓位较重，很可能还没等到解放就资金链断裂了。被迫在底部卖出股票的投资者不在少数。

例如，中国铝业、二重重装等爆出巨亏的央企，跌幅曾高达93.3%和77.47%。如果高点买入不及时止损，不仅本钱几乎亏光，而且几年内心理也备受煎熬，如图1所示。

图1　中国铝业

误区二：短线做成长线

有些投资者买入股票做短线，遇到亏损后不愿承认失败，反而从基本面找理由说服自己继续持有，于是短线做成了长线，炒股炒成了股东。因此，不要轻易改变交易计划，临时改变计划常常因为考虑不周而使出错概率更大。

如中国石油，上市后周线图已明显发出趋势向下信号，如果因为"亚洲最赚钱公司"的名号而选择继续持有，面临的将是长期套牢，如图2所示。

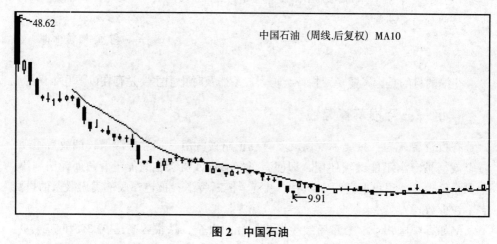

中国石油（周线.后复权）MA10

图2　中国石油

误区三：迷信大资金

有些投资者迷信庄家、主力和机构投资者，认为庄家和基金等大资金没逃出来，自己就不用怕。可是市场情况千变万化，机构投资者也有判断失误、认赔出局的时候，普通投资者不了解庄家的真实实力和意图，盲目自信风险很大，碰到一次大亏，就很难再翻身了。

误区四：充满幻想

止损时充满幻想，希望股价"反弹一下再执行"。但如果没有反弹，将被深深套牢。

误区五：数钱

止损时数钱，参考买入价算一算亏了多少，如果亏多了感到心疼，就不想止损了。因此，止损时要忘记买入价，果断执行。

绝对不能亏大钱

> 记住，一个月的熊市能让你失去在三个月的牛市中所得到的。
>
> ——理查·费尔兹

100 次交易，即使盈利 99 次，只要 1 次大亏就可能损失全部利润。股市中任何人都会犯错误，抱着侥幸的心理不认错往往会吃大亏。

举例

比尔·米勒从 1990 年开始管理莱格–梅林基金，到 2005 年，比尔·米勒创造了一项华尔街的新纪录——连续 15 年战胜标准普尔指数，在美国大盘核心基金中排名第一。

2008 年，美国爆发次贷危机，主营房地产业务的上市公司房利美和房地美股价暴跌，比尔·米勒误判"两房"股价已见底，于 6 月底大举买进"两房"股票 8000 万股，占房地美股本的 12.4%。不料，房地美的股价由 6 月 30 日的 16.4 美元继续大跌到 9 月 8 日的 0.88 美元。因为没有及时止损，米勒亏大了，他管理的 6.8 亿美元马萨诸塞州雇员退休基金血本无归。

举例

美国长期资本管理公司（简称 LTCM）成立于 1994 年 2 月，合伙人包括前联储副主席莫里斯、1997 年诺贝尔经济学奖得主默顿和斯科尔斯等梦幻组合。1994~1997 年，LTCM 业绩不错，资产净值从成立之初的 12.5 亿美元上升到 1997 年末的 48 亿美元，增长 2.84 倍，每年投资回报率：1994 年为 28.5%、1995 年为 42.8%、1996 年为 40.8%、1997 年为 17%。1998 年出现了意外，俄罗斯金融风暴引发全球金融动荡，LTCM 沽空的德国债券价格上涨、做多的意大利债券价格下跌，出现两头亏损，而该公司的电脑自动投资系统没有有效的止损，继续在错误的头寸上不断加码，并动用 60 倍杠杆，用 22 亿美元抵押买入 3250 亿美元的证券，结果亏损越来越大，短短的 150 天内资产净值下降 90%，巨亏 43 亿美元，走到破产的边缘。

索罗斯反败为胜

> 如果你的表现不尽人意，首先要采取的行动是以退为进，而不要铤而走险。而且当你重新开始时，不妨从小处做起。
>
> ——索罗斯

1987年，索罗斯预测日本股市即将崩盘，美国股市将进入牛市，于是一边在东京做空日本股票，一边在纽约做多标准普尔期指。与预期相反，1987年10月19日，美国纽约道琼斯指数狂跌了508点，单日下跌22.69%，索罗斯旗下量子基金巨亏3.5亿美元，亏光了全年的利润。

索罗斯勇于承认错误，及时从市场中撤出，尽最大可能保存本钱、减小损失。两周以后，索罗斯找到机会卷土重来，大量做空美元，结果反败为胜，量子基金年投资回报率仍然达到了14.5%的较高水平。

资金管理很重要

对和错并不重要，最重要的是你在正确时收获了多少和你在错误时损失了多少。

——索罗斯

威廉指标发明人拉里·威廉曾说："资金管理是我投资生命中最重要的秘诀，除此以外，再也没有更重要的东西了。"

成功的投资者都善于利用资金管理，资金管理通常有以下几个规则：

（1）资金管理策略应尽量简单，以适应自己的性格为原则。风险承受能力弱的投资者可把资金分布在指数类基金、债券等品种上；风险承受能力强、追求高风险高收益的投资者可重仓中短线交易；对公司基本面把握能力强的投资者可重仓、长期持有成长股。

（2）要赚大钱就必须将资金适度集中。将400美元变成了两亿美元的理查·丹尼斯曾说："95%的利润来源于5%的交易。"投资大师们都是通过少数几个重仓交易而赢得巨额财富的。也就是说，他们做错的时候能迅速撤退，做对的时候持仓足够大。

（3）资金不能过于集中。把所有资金押在一只股上是一种危险的做法，一旦遇到意外事件，有可能血本无归。

（4）资金成本不能过高。用借来的高利贷炒股或用短期资金炒股都会因为心理压力太大而失去理智。

（5）不要在输钱的头寸上加码。亏损后首先要考虑的是避免大亏，保住本钱。

（6）资金管理计划要坚决执行，不能因为情绪变化而随意变动。

举例：武汉女子"4万元到上千万元"

2007~2008年，一位武汉女期民创造了"从4万元做到1450万元"这一期市神话。

这位女期民从2007年8月下旬买入4万元豆油期货合约，此后两三个月，豆油进入一波大牛市，主力合约从7800元/吨一路上涨，她采用全仓买入、浮动盈利再投入的操作方法，越涨越买。这个方法在单边牛市中很有效，到11月中旬，已获利10

倍。进入 2008 年，豆油继续大涨，不断创出历史新高，账面保证金也随之在 2 月底突破了 1000 万元，浮动权益最高时达 2000 多万元。

高利润对应的是高风险、高杠杆的情况下风险更大。2008 年 3 月 4 日后豆油期货行情逆转，连续跌停。因没有及时撤出，只过了短短几天时间，曾经拥有的千万市值就化为乌有，最终，账户保证金只剩下了不到 5 万元。

简评：在赌对行情后，因持仓足够大，可以取得惊人的成就，但也犯了资金过于集中的错误，如果能适当分仓，结果会更好一些。

频繁交易是亏损主要原因

无论何人，若是失去耐心，就是失去灵魂。

——培根

2012 年，400 余只股票型基金超过八成实现全年盈利，而金鹰策略配置基金却表现不佳，净值下跌了 7.37%。总体来看，该基金表现不佳的主要原因是换手过于频繁，在其公布的四个季度股票投资明细中，每个季度的前十大重仓股都做过大幅调整，如表 1 所示：

表 1　季度股票投资明细

金鹰策略配置 2012 年第四季度股票投资明细			金鹰策略配置 2012 年第三季度股票投资明细		
1	600256	广汇能源	1	600256	广汇能源
2	600048	保利地产	2	000858	五粮液
3	002450	康得新	3	600519	贵州茅台
4	000002	万科 A	4	300005	探路者
5	000716	南方食品	5	600673	东阳光铝
6	000592	中福实业	6	002450	康得新
7	600011	华能国际	7	000716	南方食品
8	601766	中国南车	8	002612	朗姿股份
9	600240	华业地产	9	000503	海虹控股
10	600153	建发股份	10	600499	科达机电
金鹰策略配置 2012 年第二季度股票投资明细			金鹰策略配置 2012 年第一季度股票投资明细		
1	600256	广汇能源	1	600256	广汇能源
2	600111	包钢稀土	2	002024	苏宁云商
3	600259	广晟有色	3	000568	泸州老窖
4	300005	探路者	4	000858	五粮液
5	601788	光大证券	5	601669	中国水电
6	002005	德豪润达	6	002005	德豪润达
7	000858	五粮液	7	000937	冀中能源
8	000716	南方食品	8	300064	豫金刚石
9	000783	长江证券	9	600292	中电远达
10	600837	海通证券	10	000517	荣安地产

　　与之相比，有"世界上最好基金"之称的美国先锋 500 指数基金，成立于 1975 年，是全世界最早的指数化共同基金，到 2007 年净值达到 136 美元，30 年间，资产增长了 100 多倍，成功的秘诀就是忠实跟踪指数、不折腾。

经验与教训：投资者常犯的错误有哪些

> 一年的200多个交易日中，200天左右的时间是小亏小盈的，而在其他的50个交易日中获取大盈利，也就是4/5的交易时间打平，1/5的时间交易时间大盈。
>
> ——马丁·舒华兹

错误一：未经学习即入市

巴菲特："当我在20岁时，我对自己所做的了解很多。我读的很多，我渴望学会我所能了解的一切。"

缺乏必要的投资知识，是亏损的原因之一。大多数人都想在股市上发大财、发快财，但很多人不学习必要的技能，希望有一条不费力就赚大钱的捷径。还有一些投资者没有操盘经验，仅靠从书本上学来的一点知识就匆忙入市，结果必然亏多盈少。

成为一名合格的外科手术医生，需要经过五年医学院学习和多年实习才能胜任。大部分投资者没有经过系统学习和长期模拟操作就把资金投到了风险很大的市场中，像不经过学习和练习就上手术台一样，结果可想而知。

一分耕耘，一分收获。抛弃赌博、不劳而获的思想，踏踏实实练好基本功是在股市获得成功的基础。

李嘉诚说："在创业初期，几乎百分之百不靠运气，而是靠工作、靠辛苦、靠工作能力赚钱。你必须对你的工作事业有兴趣，要全身心地投入工作。不能说一定没有命运，但假如一件事在天时、地利、人和等方面都相悖时，那肯定不会成功。"

错误二：忽视风险

巴菲特："伯克希尔在投资上从来不会冒险，从来不会只依靠运气，因此手里总是保留200亿美元的现金，因为我们永远无法准确预测未来。""我们为维持自己最重要的财务安全付出很高的代价。目前我们按照惯例持有的200多亿美元的现金及等价物只能带来微薄的收益。但却使我们睡得特别安稳。"

有些投资者有时会满仓持有一只股票，这样做心理压力极大，即使买到牛股也很容易被振荡出局。更何况一旦满仓被套，资金损失、心理压力都很难承受，往往卖在最低点。期货等高风险市场更要避免满仓，从1万元到10万元要几百次，从10万元到0元可能只需1次。

举例

1997年时，老张春风得意，在期货市场的草莽阶段，有一些现在没有的发财机会。当时市场波动很大，曾经的海南中商所的咖啡期货有一条规则：日内涨停一段时间后，交易所就会采取扩大涨停板50%。正是这一规则，使得老张等人一见到有涨停迹象，就赶紧拿出全部资金追涨，并在新的涨停板位置挂出卖单，这样的差价让他屡试不爽。这也让他俨然成为小圈子里的带头大哥。

但是，螳螂捕蝉黄雀在后，一张大网正在慢慢张开。某天，在老张故伎重施、全仓杀入时，出人意料的一幕发生了：突然杀入的天量资金直接把咖啡期货砸到跌停板位置。期货的高杠杆瞬间让满仓的老张出局，根本就没有还手的余地，几乎是眨眼间就把那几年攒下的所有身价都赔了进去。

此后，老张再也没有出现在期货市场。

（摘自：《金融理财》，2012年6月25日）

错误三：频繁交易

吉姆·罗杰斯："投资的法则之一是袖手不管，除非真有重大事情发生。大部分的投资人总喜欢进进出出，找些事情做。他们可能会说'看看我有多高明，又赚了3倍。'然后他们又去做别的事情，他们就是没有办法坐下来等待大势的自然发展。""这实际上是导致投资者倾家荡产的绝路。若干在股市遭到亏损的人会说：'赔了一笔，我一定要设法把它赚回来。'越是遭遇这种情况，就越应该平心静气，等到市场有新状况发生时才采取行动。"

"平常时间，最好静坐，越少买卖越好，永远耐心地等候投资机会的来临。""我不认为我是一个炒家，我只是一位机会主义者，等候机会出现，在十足信心的情形下才出击。"

据统计，截至2011年底，我国自然人持有A股流通市值比例为26.5%，但自然人的交易量却占到85%以上。这说明散户的资金不多交易量却很大。根据中国证券投资者保护基金有限公司发布的《2011年中国证券投资者综合调查报告》显示，2011年，参与调查的个人投资者亏损的比例高达77.94%，其中亏损30%以上的个人投资者占22.04%，亏损50%以上的个人投资者占11.40%。普通股民缺乏专业投资知识，做短线、频繁换手的炒股方法很容易导致亏损。

江恩认为："在市场中的短线和超短线是要求有很高的操作技巧的，在投资者没有掌握这些操作技巧之前，过分强调做短线常会导致不小的损失。"

巴菲特也反对频繁交易："股票市场的讽刺之一是非常强调交易的活跃性。券商经纪人用'交易性'和'流动性'这些术语，大力推荐那些换手率很高的公司股票（这些不能填满你口袋的人非常自信能够填满你的耳朵）。但是投资者必须明白，对于赌场庄家的人来说的好事，对于客户来说未必是好事。一个过度活跃的股票市场其实是企业的窃贼。"

"所有这些频繁交易其实成了一场代价十分昂贵的听音乐抢椅子游戏。如果一个政府机构要对公司或者投资者的盈利新增征收 16.66% 的税收，你可以想象公司和投资者会多么痛苦得大声反对？通过市场过度活跃的频繁交易行为，投资者付出的交易成本相当于他们自己对自己征收了这种重税。"

"我们知道，那种所谓做大蛋糕的观点认为，这种频繁交易行为能够提高资产配置过程中的理性。我们认为这个观点貌似正确其实则不然，总体而言，过度活跃的股票市场反而破坏了理性的资产配置，实际上把蛋糕缩小了。亚当·斯密曾认为，在一个自由市场中，所有行动并没有共同协调串通，却好像会被一只看不见的手所指引，导致经济取得最大的增长；我们的观点是，股票市场类似于赌场，加上投资管理者稍有风吹草动就会马上交易的行为模式，就像一只看不见的脚绊住了大家，减缓了经济增长。"

错误四：逆势操作

哲学家叔本华名言："能够顺从，这是你在踏上人生旅途中最重要的一件事。"

动物们最懂得生存的秘密，非洲马拉马拉的角马们知道：有雨的地方就有丰美的草原，因此，它们总是追逐着风雨迁徙，从未见哪一只角马向风雨相反的方向前进。

顺势而为，顺从市场的力量，按市场发展的方向交易是走向盈利的第一步。逆势操作，无疑将坠入亏损的深渊。

交易大师杰姆·威可夫认为："短线和长线技术图形在价格走势上是否一致？我不断强调这一点，它是我的首选交易原则。如果周线、月线、日线（有时是分时线）走势不协调，我通常会放过这一次交易。一般来说，我是趋势交易者，在投资之前，我必得弄清市场走势——"顺势而为。"

错误五：不设止损

杰里米·西格尔名言："我认为成功的投资人都具备这样的个性，那就是交易 20次，即使亏损 19 次也不退缩，原因是第 20 次的盈利水平很可能远较前面 19 次亏损总额还要高。他们不死守亏损头寸，他们设法保护已有的资本，等待赚大钱的机会。"

"他们随时愿意承担风险，接受亏损。然后重新回到市场，进行另外一次交易。他们深知，明天太阳照样升起。明天永远有交易的机会，他们不想遭受更大的亏损。"

从短线的角度看，股票市场波动频繁，预测市场走向经常会失灵，这时候止损就很重要了。

江恩有一个很重要的市场经验："很多投资者遭受巨大损失就是因为没有设置合适的止损点，结果任其错误无限发展，损失越来越大。学会设置止损点以控制风险是投资者必须学会的基本功之一。还有一些投资者，甚至是一些市场老手，虽然设了止损点，但在实际操作中并不坚决执行，结果因一念之差，遭受巨大损失。"

心理学家威廉·詹姆斯对股民建议："接受所发生的事实，是克服随之而来的任何不幸的第一步。所以，当出现亏损时，接受'我做错了'这个事实，才能迅速采取行动，阻止更大的亏损出现并择机反败为胜。"

举例：留给外孙女当嫁妆的中石油

在一家事业单位工作的李先生对于炒股一直不感兴趣。不过，2007 年的行情实在太有诱惑力，并最终影响了他。当年在中石油上市申购的前夕，他在同事的陪同下在公司附近的一家券商免费开户，当天就打入 4 万元，目标就是能申购"亚洲最赚钱公司"中石油。

尽管是超级大盘股，然而抢购者甚众，中石油的中签率奇低。没能申购到新股，在上市首日满仓中石油就成了李先生的选择。然而"亚洲最赚钱公司"中石油的一世英名注定毁在 A 股上，上市首日 48 元的高价，让它在 A 股上市后几乎套牢了所有的投资者，很快也就有了"问君能有几多愁，恰似满仓中石油"的"千古名句"。

不过，李先生并没有对中石油死心。当中石油跌至 30 元附近时，当时有传闻说这将是中石油的铁底，受到这一说法的鼓舞，他又买入 3 万元的中石油。半年之后，中石油已经跌至发行价 16.8 元附近，中石油不可能破发的传闻再起，本着与大股东同样成本持仓的想法，他又买入 3 万多元的中石油。

到这时候，他手中的中石油已经有了 4000 股，看了这几年中石油的年报，每年大约每股有 0.15 元的分红，总共算下来含税也就是 600 元，而他前前后后购买中石油投入的资金却超过了 10 万元，这样算下来年收益率为 0.6%。

"和存活期差不多啊，而且只能支取利息不能支取本金，还真是霸道。"李先生自我解嘲道。他说，购买中石油的时候，女儿刚出生不久，当时都说中石油适合长线投资，就买了来准备给女儿做工作基金或是婚嫁基金。

不过，现在中石油已经跌到了 8.9 元，10 万元也变成了 3.5 万元。"重回当年高位我感觉不是十年、二十年能实现的。或许，只能留给外孙女做嫁妆了。"李先生说，10 万元买了"亚洲最赚钱公司"中石油这个教训，会让他终生难忘。

（摘自：大河网，2012 年 7 月 19 日）

错误六：越亏越补

杰西·利物默："我恰恰完全做反了。棉花交易显示的是损失，而我留着它。小麦显示的是获利，而我把它卖了。在所有的投机错误中，没有什么比试图在损失的交易中摊低成本更大的错误了。永远要卖出损失的交易，保留获利的交易。"

有的投资者盲目自信，亏损后不及时止损反而频频抄底，陷入"越补越跌，越套越深"的泥潭。

"2007 年 100 万元资金以 68 元买入中国远洋，拿 6 年只剩下 5 万元了，悲催……"在中国远洋被 ST 后，一位自称持有中国远洋 6 年的股民在网上诉苦。2013 年 3 月 29 日，中国远洋因连续巨亏而被"*ST"，股价从 2007 年 10 月 25 日最高点 67.84 元，一路跌至 3.48 元，5 年间，市值暴跌 94.9%。如果有投资者采取越跌越买、向下摊平成本的策略，将输的很惨。

错误七：抄底

《漫步华尔街》作者马尔基尔名言："股市历史表明，无论是基本分析还是技术分析，要准确无误地预测股市的变化动态是几乎不可能的。"

有些投资者在股价大幅下跌后，尝试抄底做反弹，却常常因股价继续下跌而被套牢。

期货市场专家里查德·邓尼斯说："抄底、兜顶都是非常危险的。"邓尼斯认为，只能判断市场可能的走向，究竟走多远要由市场决定。邓尼斯也曾尝试抄底和兜顶，他曾经在糖价涨到 60 美分时进场做空，直到糖价跌到 13 美分，大赚一笔。后来又在 10 美分附近抄底，却屡试屡败，据他自己说，赔的钱超过了前面赚的，白忙一场。

交易大师江恩创立了"江恩线"等高深的预测理论，但预测归预测，在交易时他却严格执行 21 条买卖规则。正因如此，江恩在一生的投机生涯中赚取了 350000000 美元。

举例：股民抄底路上：一周跌去两月工资，无奈割肉销户

2012 年的股市，对于大多数股民而言，注定是悲剧。无数的股民，在史无前例的超级熊市中，仗着艺高胆大频繁抄底，所付出的成本十分昂贵，记者上周对西安 83 个股民进行了调查采访了解到，七成股民"重伤"在熊市抄底路上。许多在牛市中曾掘得一桶金的投资者，也体验到了"由富到贫"的喜悲心酸。

今年亏损 200 万元明年最后一搏。

今年 6 月份的几次大跌中，专家称 A 股'遍地黄金'。"70 后"公务员方先生以为 2200 点大底部已经来临，就大胆买入了几只股票，但同先前一样，他又失算了，

抄底抄在半山腰。现在，这几只股票的股价都跌去了 35% 左右。"我可是重仓啊。"他痛心疾首地说，虽然自己之前曾有过空仓的打算，但看着市场不停地下挫，方先生还是没忍住抄底诱惑。上周，在风雨飘摇中挣扎了一段时间后，沪指终于跌破2000 点大关，为了防止亏损扩大，他又不得不忍痛割肉。

方先生还记得，有个同事，上个月底发了工资后把工资拿去补仓，原指望反弹一下解套出来，结果也是一周跌去了两个月工资，他一气之下，把股票全部割肉并销了户，说是再也不炒股了。现在看来销户还是对了，如果多持股半个月，还要亏得更多。2000 点是市场人气指标分水岭。年初在高位入市的大量有清盘条款的私募基金以及各种理财产品在市场跌穿 2000 点的时候将面临一个重大的选择，或者主动减仓清盘，或者冒险加仓与风险博弈。

"新股民多套死在山顶上，老股民多重伤在抄底路上，今年倒闭的私募公司身边到处都是。我今年也至少亏损了 200 万元。明年重新开始吧，最后一搏了。"周日深圳一私募基金经理向记者喃喃地说。

有分析人士昨日认为，熊市中频繁的抄底操作是投资者的天敌，无异于刀口舔血，这不但是熊市中被绞杀的最快路径，而且也是牛市大忌，其成功率很低。结果抄底补仓损失越补越大。

（摘自：《三秦都市报》，2012 年 12 月 3 日）

错误八：听信消息

巴菲特："让一个百万富翁破产最快的方法就是——告诉他小道消息。"

罗杰斯："我总是发现自己埋头苦读很有用处。我发现，如果我只按照自己所理解的行事，既容易又有利可图，而不是要别人告诉我该怎么做。"

听消息炒股票是一种基本无效、却很常见的炒股方式。很多股民根据营业部或朋友间的小道消息炒股，这些消息大多未经证实或严重滞后，即使偶尔尝到甜头，最终往往得不偿失。

还有些用意不良的人利用虚假消息引诱股民买进，然后趁机出货获利。

即使是证券分析师也常常错的离谱：2008 年初，次贷危机爆发前，雷曼兄弟公司已经接近破产，但是跟踪雷曼公司的 17 个华尔街分析师中，有 9 个建议"持有"，5 个建议"买入"，2 个建议"强烈买入"，只有 1 个建议"卖出"。

江恩忠告："缺乏市场知识，是在市场买卖中损失的最重要原因。一些投资者不注重学习市场知识，不会辨别消息的真伪，结果被误导，遭受损失。"

错误九：没有计划

巴菲特："以前我是依靠肾上腺来买股票，这使我亏损了不少。"

炒股要提前制定交易计划，并按照计划交易。如果没有交易计划，不仅赢得稀里糊涂，输得也莫名其妙，更谈不上长期稳定盈利。

在美国网络股疯涨时期，巴菲特坚守投资计划，绝不跟风买入自己不理解的科技股。在网络股泡沫破裂后，股市连跌三年，巴菲特仍在等待合适的机会，他说："尽管股市连续三年下跌，从而大大增加了股票的吸引力，但我们还是发现只有很少的股票能让我们稍有兴趣而已。这一令人不快的事实正好表明了在大泡沫时期股市对于股票的疯狂高估。不幸的是，狂饮的酒越多，宿醉的夜越长。查理跟我现在对于股票退避三舍的态度，并非与生俱来的。我们热爱拥有股票，当然是如果可以以具有吸引力的价格买入的话。在我 61 年的投资生涯中，其中约有 50 年中都有这样的机会出现。今后也一定会有很多类似的好年份……但是成功投资却要求长时间的耐心。"

只有像巴菲特那样，坚持按计划交易，才能赢的清清楚楚、输的明明白白，把命运掌握在自己手里。

错误十：不执行计划

彼得·林奇："不少投资者选购股票的认真程度竟不如日常的消费购物，如果把购物时货比三家的认真用于选股，会节省更多的钱。"

制定好了交易计划，就要认真执行，否则将前功尽弃、白忙一场。

有些投资者本来计划按周线交易，中途改为日线；本来计划按 MACD 指标买入，中途又改为按 KDJ 信号卖出；本来计划长期投资绩优成长股，但股价稍有波动就逃之夭夭。

同样的方法交给不同的人操作会产生不相同的结果，就是因为各人的执行能力不同。

大家都想稳定盈利，但稳定的盈利来自稳定的交易系统，频繁更改交易计划将使交易陷入混乱之中，使获利前景变得毫无把握。

错误十一：期望过高

格雷厄姆："战胜市场平均水平非常难，如果你还是想试一试的话，那么，第一，你要有一个内在合理的策略；第二，这个策略是市场上不流行的。战胜市场平均收益水平有可能但很难，普通投资者没必要有此追求。"

对收益期望过高的投资者希望每笔交易都能大赚，短期内就成为股神。但是，像巴菲特这样著名的大师，资产年均增长也不到 30%。

投资就像经营百年老店，需要按一定方法、不急不躁地稳步前进。如果期望过高、急功近利，就会抛弃理性的交易法则，热衷于打听消息、赌一把等高风险的投资手段，最终往往期望越大失望越大，没有赚到钱反而亏损累累。

错误十二：为盈利设定目标

杰西·利物默："永远不要让市场为你的皮大衣付账。"

有些股民有这种想法："今年一定要赚50%，股价再涨一涨就能买辆车了，这次争取赚出房子的首付……"这些与交易原则无关的贪婪和欲望，往往激发搏一把的侥幸心理，不顾市场已经发出的信号，逆势而行，最终反胜为败。

举例

黄先生2006年底重仓了万科、苏宁电器、贵州茅台等股票，坚持中长线投资，市值也从10万元飙升到40万元。

"当时的感觉就是时间过得太慢，每天都在兴奋中度过，因为只要一个星期过完账户里的市值就多一两万元。"黄先生说，当时的目标是50万元，他答应妻子只要到50万元，他就带着全家去旅行，还要在郑州买一套大房子。

不过，在市值飙升到47.8万元的时候，开始了下坡路，指数一路下跌，直到市值缩水到28万元的时候，他才忍痛清空了所有的股票。

(摘自：大河网，2012年7月19日)

错误十三：贪婪

股市名言："多头和空头都可以在华尔街证券市场发大财，只有贪得无厌的人是例外。"

贪婪表现在：企图抓住市场中每一个波动，企图买的股票都是黑马，企图每一次都买在最低点、卖在最高点。

贪婪表现在：该买的时候还想以更低的价格买，该卖的时候还想以更高的价格卖。

贪婪表现在：即使股价已大涨、风险很大了，仍留恋最后一点利润，追高买入；即使弱市很明显，仍不放过任何一个反弹，不断尝试抄底。

贪婪表现在：从不认错、不设止损，为了一点小利而甘冒大风险。

巴菲特喜欢讲伊索寓言中的一个故事：桌子上一瓶蜂蜜倒了，蜂蜜流了出来。许多苍蝇飞过来，悬在空中，吸吮蜂蜜。蜂蜜实在太甜蜜了，它们舍不得飞走。不知不觉，脚就放了下来，被蜂蜜牢牢粘住。这时想飞也飞不起来了。苍蝇们后悔死了，嗡嗡大叫："我们真是太不幸了，为了多吃几口蜂蜜，却把老命搭上了。"

期货与对冲基金专家——杰克·施瓦格说："如果你相信目前存在一个好的交易机会，不要贪心地试图在更好一点的价格进入交易。错过一个价格运动而造成的潜在利润的损失可以抵消任50个稍好一点执行价格的总和。"

错误十四：钱少股票多

吉姆·罗杰斯："我强调'专注'，在做投资决策前，必定要做很多功课，也因此我并不赞同教科书上所说的'多元投资'。看看全世界所有有钱人的故事，哪一个不是'聚焦投资'而有的成果？"

罗杰斯认为，投资前要做足功课，做足了功课就会对这笔投资有充分的了解并把风险降到最低，如果机会很好就可以集中火力、重拳出击。

如果对市场、股票不熟悉，即使买了很多只股票，也并没有降低风险，在大势不好的情况下，很多个篮子都会掉在地上。

很多投资者信心不足，害怕亏损，买一只股票只用很少一点资金，最终账户里充斥着一大堆各式各样的股票。持有股票太多，就没有精力仔细研究它们，会忽略掉很多有价值的信息，风险更大。同时，持有很多股票不如购买指数基金，省时省力。

错误十五：赚小亏大

拉瑞·威廉姆斯："掌握大波段，才是我在交易中赚到数百万美元的唯一方式。"

华尔街总结的100多年来的投资经验：截断亏损，让利润奔跑。也就是说亏损的股票要注意及时止损，但牛股要牢牢拿着。

砍掉亏损的生意、保留好的生意是再正常不过的企业经营手段，但不少投资者的典型特征是上涨的股票卖得快、亏钱的股票捂着不动，这种亏大钱赚小钱的炒股模式必然会导致长期亏损。

错误十六：离股市太近

索罗斯："只有远离市场，才能更加清晰的看透市场，那些每天都守在市场的人，最终会被市场中出现的每一个细微末节所左右，最终根本就失去了自己的方向，被市场给愚弄了。"

许多股民每天紧盯行情变化，价格每个微小变动都要去分析、判断。实际上，如果不做日内短线交易，盯盘毫无意义。盯盘容易把自己搞得晕头转向，手里即使有好的股票也会被短期价格波动吓跑了。对普通投资者来说，看盘时间通常与收益成反比。索罗斯每周工作时间从不超过30个小时，他会拿出大量的时间休假或者娱乐，他认为休息也是工作的一部分。

错误十七：没有固定操作方法

巴菲特："我们过去犯过很多错误，我们将来还会犯下很多错误。我从来不会过于担心犯错，我不会坐在那里不断反思我的错误，不断思考将来我会采取什么不同的做法。"

有些投资者刻苦研究各种投资技巧，学会了各种分析方法，今天试试这种，明天试试那种，忙得不亦乐乎，成绩却不怎么样，还经常亏损累累。这都是没有固定交易方法的原因。

盈利时奉若神明，出错时马上弃之不用，如果没有固定的交易方法，就会在不断的试错中不断的亏损。没有百分之百成功的方法，只要经过测试能达到自己的盈利目标，就应坚持使用、绝不动摇。

错误十八：数钱

巴菲特："永远不要指望卖个好价钱。买入价要足够有吸引力，那么即使卖出中等价格也能获得不错收益。"

先计算一下盈多少亏多少，或者股价涨了多少跌了多少，再决定是否交易，称为"数钱"。数钱严重扰乱情绪和心态，无法把注意力集中到正确的交易规则上，容易做出错误的决定。

例如，曾经浮赢 1 万元，随着股价下跌，如果按规则卖出将实际盈利 5000 元。"数钱"之后觉得比股价最高点"少赚"了 5000 元，心里不平衡，就把交易规则置之脑后，想等价格反弹后再出手。但如果价格继续下跌，则以前的盈利将全部消失，甚至到亏损套牢的地步。

举例

1985 年 9 月，美国财政部长认为美元汇率高估，应该下跌，就联合西方几个主要工业国财政部长在纽约广场饭店开会，最终签订了"广场协议"。协议签订的第二天，美元兑日元汇率就从 239 日元跌至 222.5 日元，跌幅达到 4.3%，据估算，索罗斯一天之内赚了 4000 万美元。大部分交易员从没见过这么大的利润，"数钱"后纷纷落袋为安。而索罗斯认为日元仍有大幅升值空间，选择持仓不动。后来，日元继续升值到 79 美元，只有索罗斯等极少数人坚持到了最后，获得了难以想象的超级利润。

错误十九：短线做成长线

华尔街名言："一个好的操盘手是一个没有观点的操盘手。"

有些投资者习惯用日线指标进行交易，但出现亏损后，不愿接受现实，试图找出其他理由支持自己。看了一下周线指标还没有走坏，就决定按照周线指标继续做。周线指标走坏后，亏损更大了，于是再按照月线指标继续做，直至深深套牢。

还有些投资者亏损后干脆置之不理，不扭亏绝不卖出，被迫长期持股。

套牢的危害，一是资金不能用于其他交易，二是严重亏损。只有抛弃自己的主观意识，顺应市场的走向交易，才是盈利之道。

举例

孔子周游列国时，路过吕梁瀑布，它从高处倾泻下来，水声訇訇。这时孔子看见一位老者走了下去，孔子以为那位老者轻生，急忙叫弟子去救他，可瞬间那老者又重现在百步之外。老者白发飘飘，边走边唱，神形潇洒。孔子追上他，虚心请教：您有什么秘诀可以对付这么大的水流？老者笑答：我只是随着漩涡进入，又随着漩涡出来，我让自己适应水流，而不是让水流适应我。

错误二十：拣便宜货

巴菲特名言："多付一点钱买一家伟大的公司，远远好过贪便宜而买家普普通通的公司。"

有些股民喜欢拣股价低的股票买，在炒作成风的股市里这一招有时有效，但在成熟的股市里，上市公司的成长性与股票价格的高低没有必然联系。一些公司股价便宜，如果成长性不好的话股价就很难长期大涨。

从短线来说，上涨的股票就是好股票，与价格无关；从长线来说，成长性好、价格合适是重要的参考指标，好股票往往很难以低价买到。

巴菲特从不拣便宜货。可口可乐曾经是巴菲特最大的重仓股，巴菲特是在可口可乐市盈率 16 倍、市净率 5 倍时买入的，当时标准普尔 500 指数的平均市盈率为 12.4 倍、市净率不到 2 倍。但可口可乐在巴菲特买入之前的十年里，每股净利复合增长率达到了 11%。因此，巴菲特买到的是一只"价格不低但高成长"的股票。

举例：病急乱投医，炒黑马股亏 50 万元

股民：杨先生　　　　级别：大户
入市资金：60 万元　　账户余额：10 万元
被套反应：真是后悔不该随便听信别人建议

当我们想让杨先生回忆下自己当时的操作经历时，他痛苦的表情已经说明了一切，"别提了，亏得真的是惨不忍睹。"两年的股市生涯，留给股民杨先生的是痛苦的记忆。

据上海热线财经频道了解，进入股市之前，杨先生辛苦打拼，积累了不少的资金。因为增值需求，在 2010 年底股指重回 3000 点时，他在朋友的带动下，把部分资金投入其中试水。不试还好，这一试却试出了满腹伤心。"二年时间，投入逾 60 万元，现如今已经亏损约 50 万元。"话语中杨先生满是对股市的无奈之感。

上证指数在 2010 年 10 月份"旱地拔葱"似的大涨突破 3000 点后，就一蹶不振，"说好的上涨没有出现，后市 A 股的走势你也看到了。"杨先生告诉我们，入市之后，

他和多数投资新人一样，热衷短线交易，到处打探消息。几乎市场上当时流行的多数股票都买过，买入的理由往往都是朋友熟人透露的"内幕消息"或者直接追涨停股，但多数时候这些消息只能导致一个结果——"被套割肉"。

上海热线财经频道编辑马上追问道："既然您当时已经亏损了，之后的反应是什么呢？"

"也许是'病急乱投医'，不甘心的我到处在网上搜寻'炒股秘籍'。'私募即将拉升的黑马股'、'看明日 2 只个股即将涨停'、'重大借壳机会，潜在暴利黑马'、'下午布局低价潜力股，明日定高开大涨'……在股市不断下跌时，一些网站上类似的诱人宣传词让我感到心动。但在我心动并且行动后，却亏大了，不但被骗走几千元入会费，更多的时候还需要面对股票账户里的资金损失。"

"他们就是说的一套，做的一套，虽然有点个股第二天确实上涨，但要不就直接开盘涨停，要不就第二天毫无获利离场机会。"尽管 2012 年 7 月证监会针对骗局披露了 100 多家此类非法证券网站，但显然杨先生早已受骗，难以追回损失。多次失败的折腾让杨先生有些心灰意冷，再次买进股票被套后已懒得看大盘。前一段时间大盘上涨，打开账户一看，最初 60 多万元的账户已经亏损约 50 万元。真是后悔随便听信别人建议，损失了自己的真金白银。

（摘自：上海热线财经频道，2013 年 10 月 30 日）

成功秘诀：专注

只有偏执狂才能生存。

——安德鲁·葛洛

只有专注的投入，才会有持久的成功。著名芭蕾舞蹈家巴甫洛娃说过："不停地朝着一个目标努力，那就是成功的秘诀。"你不一定是最聪明的、最健壮的或最有钱的，但如果你全身心的、坚定的走自己的路，把所有的精力投入到自己的事业上，你就一定会成为最成功的。

王石的经验："专注的企业才能持续发展。万科的态度是：你只要是多元化，或者搞其他非房地产产业，我们即刻就把你从竞争对手名单中拉掉。我们专门做一个事情还不一定能做好呢，你不专注，也许你曾经发展得不错，但一定不会一直好下去的，这就是万科的逻辑——专注。"

成功秘诀：重复

> 不要尝试成为万事通，专心于你了解最多的行业。
>
> ——伯纳德·巴鲁克

所有成功人士都知道的秘密：做自己擅长的事最容易成功。

在证券投资这一行里，成功的秘诀之一就是：不断重复成功的交易。

想一想自己最赚钱的交易有哪些？想一想大师们最成功的交易有哪些？只要不断重复这样的交易，你就会很快成功。

成功秘诀：勤奋

你一旦取得成功，会发现投资原来是件很简单的事情。但在你真正获得成功秘诀之前，你需要十分勤奋的寻找答案。碰运气、听消息、跟风能节省你的劳动，却不能让你持久获利。投机取巧在任何行业都不会取得真正的成功。只要认真研究、勤奋练习，不久的将来，你就能收获成功的果实。

成功秘诀：果断

花些时间深思熟虑，但当行动的时刻来临，就马上停止思考并立刻行动。

——拿破仑

每个人都会有一些很好的想法，成功者和不成功者的区别是：成功者采取了行动，而不成功者仅限于空想——没有采取任何行动。有多少次，我们看好的股票在犹豫不决中越涨越高；有多少次，明知道做的不对，却任凭亏损越来越大而无动于衷。

不够果断的原因是：考虑的太多。

只要做好了交易计划，就不要再想任何交易的事情，直至下单完成。

培养好的交易习惯，使思想和行动保持一致。可以尝试在日常生活中训练果断的性格，让思想之花结成行动的果实。

成功秘诀：模仿

> 如果说我看得比别人更远些，那是因为我站在巨人的肩膀上。
>
> ——牛顿

模仿是通向成功的捷径。

大师们之所以能成功，必然有一套成功的方法。如果你想成为下一个投资大师，最好仔细阅读巴菲特、林奇、利物默等投资大师的资料，模仿他们的投资手段，只要像他们一样坚持不懈，你就会像他们一样成功。

成功秘诀：时间

> 时间，唯有时间，才能带给你大的利润；不是思考、不是跑进跑出、不是想法买在最低点、卖在最高点。
>
> ——拉瑞·威廉姆斯

虽然很多人倾向于做短线，渴望快速致富，但投资的秘诀是：持仓时间越短，获利越少。

这个很好解释：时间短，获利空间相对较小。

做短线、频繁交易会有两个重要问题：一是成本高，手续费会超出你的想象；二是很难保证盈利次数远大于亏损次数，交易次数越多，出错的概率越大。

拉瑞·威廉姆斯在《短线交易秘诀》中写道：我听说有位聪明人在股市中赚进好几百万美元。他住在加州北部的 Sierra 高山上，一年大约只打 3 次电话给他的经纪人，只买进或卖出同一种股票。他的经纪人告诉我，这位仁兄真的只靠了 1 只股票，以集中投资的方式，就赚进了大笔财富。

基本面选牛股秘诀

秘诀一：净资产收益率持续高增长

净资产收益率持续高增长的公司是"10倍股"的主要成员，如果投资者密切跟踪近几年净资产收益率持续高增长的上市公司，则抓到大牛股的概率就很大。

股神巴菲特曾说，他更偏好用净资产收益率选股。巴菲特认为，净资产收益率应该综合多年的数据进行比较，如果抽取的样本时间过短，不排除将非经常性损益计入利润或损失，数据失真的可能性大。衡量公司业绩时，应该从税后利润中剔除非经常性损益，这样计算出来的净资产收益率才能更好地衡量企业正常的盈利能力。

巴菲特认为，公司负债率不能特别高。如果负债率特别高，意味着公司高度依赖借来的债务资本，而不是依赖股东投入的资本。高负债下，如果公司业绩突然下滑，公司可能陷入破产境地。从安全边际考虑，巴菲特希望公司在低负债情况下取得较高的净资产收益率。

部分五年内净资产收益率都在25%以上的股票。（截至2011年）

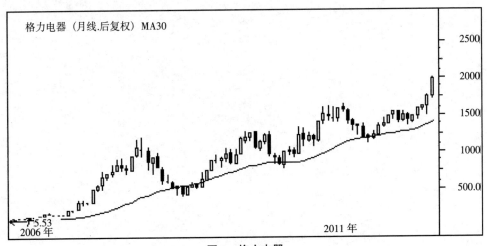

图1　格力电器

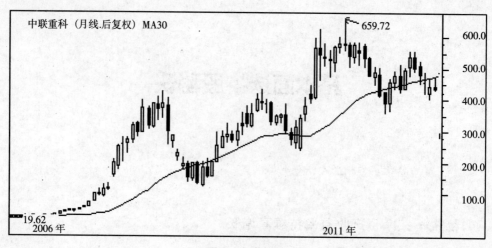

图 2 中联重科

秘诀二：现金奶牛跑赢大盘

据《投资者报》统计，2007~2011 年约有 82% 的上市公司进行过分红。其中，每百股累计分红额超过 300 元的公司有 12 家，白酒龙头股贵州茅台成为"分红王"，该公司五年每百股累计分红 947.4 元。这 12 家公司包括贵州茅台、张裕 A、泸州老窖、潞安环能、中国船舶、泰和新材、双汇发展、盐湖股份、新和成、洋河股份、罗莱家纺和广发证券，这些"现金奶牛"也为投资者带来了不菲的回报，12 只股五年多平均涨幅达 231%，同期上证综指下跌 11%，跑赢大盘 242 个百分点。

不要盲目相信机构

成功的交易者在坏消息时买，在好消息时卖。

——理查·费尔兹

投资大师罗杰斯在接受"第一财经头脑风暴"栏目采访时指出，投资者要在股市赚钱，须具备三个重要的特征：怀疑、好奇和坚持。

怀疑

你要把听到的信息分析一下，判断什么是正确的，什么是错误的，什么信息能令你赚钱，不要听信他人。

好奇

赚钱的方法是在其他人之前预知将来。你对生活好奇，对发生的事感到好奇，你就会提出问题，在其他人之前弄明白别人在做什么。

坚持

你还必须要坚持。因为你肯定有时会赔钱，你必须坚持去寻找有用的信息。这是麻烦的工作，你必须比别人先知先觉，这要求你做大量的工作。在有些人写一些关于市场被操纵的文章的时候，你要努力去搞清真相，这确实不容易。

举例：银广夏事件

银广夏公司全称广夏（银川）实业股份有限公司。1998年，天津广夏传出与德国诚信公司签订出口供货协议的重大利好消息，天津广夏每年将向这家德国公司提供超过5000万马克的二氧化碳超临界萃取技术所生产的蛋黄卵磷脂产品，并且将从德国进口两条"1500立升×3"和一条"3500立升×3"的生产线，未来的生产能力是天津广夏现有生产能力的13倍！

1999年，银广夏年报中披露的每股收益达到0.51元，其股价也从1999年12月30日的13.97元开始启动，一年后股价上涨440%，全年涨幅居深、沪两市第二位，如图1所示。

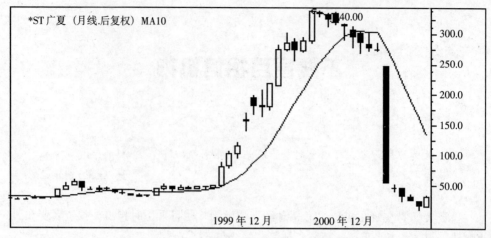

*ST 广夏（月线.后复权）MA10

40.00

1999 年 12 月　　　　2000 年 12 月

300.0
250.0
200.0
150.0
100.0
50.00

图 1　*ST 广夏

2001 年 3 月，银广夏公告，德国诚信公司和银广夏签下了连续三年、每年 20 亿元的总协议。以此推算，2001 年银广夏的每股收益将达到 2~3 元，这将使银广夏成为"两市业绩最好市盈率却最低的股票"。

然而，"银广夏在过去两年间创造的'巨额利润'神话，全系子虚乌有的编造。"《财经》杂志在天津海关查到了关键的证据：天津广夏 1999 年度出口额仅为 480 万美元，2000 年度更是只有 3 万美元，这表明其宣称的 1999 年出口 5610 万马克、2000 年出口 1.8 亿马克的说法纯为编造。

中国证监会随后查明：银广夏通过各种造假手段，虚构巨额利润 7.45 亿元。同时还查明深圳中天勤会计师事务所及其签字注册会计师违反有关法律法规，为银广夏公司出具了严重失实的审计报告。

银广夏事件带给我们的反思

1. 基本面投资需要经过现场考察

骗局瞒不过尽职的现场考察，《财经》杂志通过查阅当地海关资料从而揭开了真相。

2. 不要过分相信大机构和机构投资报告

银广夏事发时，北京中经开物业管理有限公司、基金景宏、基金景福、上海金陵和轻纺城分别持有 959.28 万股、672 万股、485.64 万股、712.98 万股和 250.67 万股股份，宣称研发能力强大的机构投资者也被套住了。而且，银广夏股价上涨过程中，有大量股评和研究报告一路推荐，投资者如果盲目相信，将损失惨重。

怎样考察企业真实状况

> 在你买股票之前，找出公司的所有资料，它的管理层、竞争者，它的盈利及增长的可能性。
>
> ——伯纳德·巴鲁克

"现在很多企业没有投资意愿，贷款需求不足。如果企业想担保，我们格外谨慎，除了看报表，还看水表、电表。"当地一担保公司负责人说，他们还会去问员工工资发放情况是否正常、向门卫打听发货卡车数量、去车间查看机器是否有灰尘，甚至去调查企业主有无涉足高利贷或赌博。他说："这反映大家对经济前景的看法比较谨慎，对每一笔贷款的风险评估格外严格。"

"看各地上报的指标都是上涨，但工业用电在下降。1~4月工业用电同比减少9%左右。往年此时要拉闸限电，今年没有动静。"当地一官员表示，如果考核只看数字，最后只能是数字造假。

(摘自：《中国证券报》，2012年6月7日)

简评：如果投资者都以这样谨慎的态度考察企业，上当受骗的可能性就大大降低了。

为什么会频繁亏损

> 投资者失败的主要原因是过高的手续费和总是试图战胜市场。
>
> ——巴菲特

交易中频繁亏损通常有以下原因：

1. 经常更换交易方法或者根本没有交易方法

解决方法：通过长期模拟操作和实战，建立固定的操作方法，严格执行。

2. 交易方法效果不佳

解决方法：使用更多数据进行模拟操作，找出交易方法的缺陷并进一步完善。

设计操作方法时须注意以下方面：

（1）复杂的操作方法效果不一定好，应尽量简化交易，达到事半功倍的效果。

（2）技术分析与基本面分析混用时，执行起来比较困难。有些投资者通过基本面选股，然后用技术分析选择买卖点。这种方法的缺点是，技术上有卖出信号时，往往由于过于相信基本面而不执行卖出计划，股价大幅下跌后又由于恐惧而杀跌，操作计划完全被打乱。还有一种情况，通过技术分析选好股票后，受小道消息或公司基本面影响，犹豫不决，错失牛股。

3. 听信传闻

凯恩斯的空中楼阁理论认为："股票市场的人们不是根据自己的需要而是根据他人的行为来做出决定的，所以这是空中楼阁。"

解决方法：建立自己的交易方法，切断干扰源或选择合适的环境避免流言干扰。

4. 试图战胜市场

牛顿在南海股票上亏损2万英镑后，感慨地说："我能计算出天体运行的轨迹，却难以预料到人们的疯狂。"

许多投资者和证券分析师喜欢测顶测底，以此显示自己的"智慧"。可是，除非你能操纵市场，否则能预知市场走向简直和算命一样不准。

解决方法：采用跟随市场的交易方法，顺势而为。

5. 买卖时机

股票交易赚钱的秘诀是"低买高卖"，长线投资买入时要有足够的安全边际，短线投机要在刚开始上涨或上升途中回调时买入。买入价格过高不仅盈利空间小，亏损的风险也加大了。

巴菲特在谈到为什么要在股市火爆时减仓中石油时说："石油公司的利润主要依赖于油价，石油在 30 美元 1 桶的时候，我们很乐观，如果到了 75 美元，不是说一定会下跌，但是我们就不像以前那么自信。中石油的收入在很大程度上依赖于未来十年石油的价格，我们对此并不消极，不过 30 美元 1 桶的时候我非常肯定，到 75 美元 1 桶的时候我就持比较中性的态度，现在石油的价格已经超过了 75 美元 1 桶。"

巴菲特认为石油价格已经涨到了比较高的位置，继续上升的空间有限，所以他选择了卖出股票而不是买进，这一点值得所有被中石油套牢的股民学习。

6. 逆势抄底

举例：股神博命，500 万元抄底仅剩一成

2008 年，农历鼠年。不少成功逃顶的高手，在史无前例的超级熊市中，仗着艺高胆大频繁抄底，所付出的成本十分昂贵，个别人甚至以生命为此埋单。

重庆某金融单位谢某，在证券市场摸爬滚打十多年，股市理论、操作经验十分丰富。其共计投入 10 多万元炒股，不论牛市熊市均赚多赔少，被亲朋好友称为"股神"。此轮两年半的超级牛市，谢不辱"股神"美名，不仅为自己净赚了 500 万元，2007 年底还成功逃顶。

一切都是那么遂愿、美好，只要继续稳扎稳打，再翻一个番，千万富豪的桂冠就可轻松到手。

但是，"祸不单行，福不双至"。在今年的抄底之战中，谢未能获得命运之神的继续眷顾。经过屡战屡败、屡败屡战惨烈厮杀，其账上资金只剩下了约 60 万元。空前巨大的行情误判、操作失误，难以承受的资金损失，令谢万念俱灰。

12 月初，谢静静地走出家门来到渝中区一繁华花市旁的旅店。

一张遗书、两瓶农药，以及随风远去的千万富豪夙愿，相伴他走完了曾经辉煌的人生……

（摘自：重庆商报汇融网，2008 年 12 月 27 日）

7. 交易频繁

有些投资者热衷于做超级短线，这也是频繁亏损的重要原因。

美国波士顿金融数据公司对过去 50 年美国共同基金调查显示：投资期间为一年，平均的亏损概率为 30%，投资两年的平均亏损概率为 25%，而投资期间达十年以上，则平均的亏损概率为 0。

基本上投资时间越短亏损概率越大，投资者应养成长期投资的好习惯。

怎样快速成功

我非常非常幸运我崇拜对了人，这很重要。

——巴菲特

快速成功的秘诀：拜成功人士为师，学习、复制他们已经成功的盈利模式。

巴菲特非常善于学习成功人士的经验，他先是学习有"华尔街之父"之称的格雷欧姆的价值投资理论，然后从美国广播公司总裁汤姆·穆菲身上学习如何经营企业，又从投资大师费雪身上学到了集中投资成长股的理论，融合各家所长，巴菲特最终完善了自己的投资理念，终成一代大师。

《国际九大投资基金经理访谈录》中记载了投资大师欧内尔的经验："回顾起来是在1959年，我的确对当时在市场很成功的一些人士作了一些研究。那时，屈弗斯基金还很小，只管大约1500万美元。杰克·屈弗斯掌管这个基金，他能比所有他的竞争对手投资成绩好上一倍。我搞来了他们的小册子和季报，精确地按照图表找出每种股票他们是在何处买入的。我当时把一百多种股票摊在桌子上，我这一次真正发现：不只是几只股票，也不是大多数股票，而是他们买入的每个股票都是它创出新高价位时买入的。"

拜师学艺注意事项：

（1）要拜真正成功的人士为师，徒有虚名、无长期实战成绩者应排除。

（2）最好有名师当面指导，可以少走很多弯路。如果找不到名师，就选定一个自己崇拜的投资大师，然后搜集所有相关资料，仔细研究、归纳，最终形成自己的交易规则，并在模拟交易和实战中逐步完善、成熟。

巴菲特与网络股泡沫

对股票价格要斤斤计较，要像超市购物，不要像买化妆品；真正重大的损失总是在投资者忘了问"多少钱"之后；高增长不等同于高盈利。上涨的股票风险增加而不是减少，下跌的股票风险减少而不是增加。

投资收益是购买价格的函数，你买得高，收益率就低；不管多么小心，你无法不犯错误，只能恪守安全边际。也就是说，不管股票多么来劲绝不高买，你才能控制住犯错的后果。

——格雷厄姆

1995~1999 年，美国股市上涨近 150%，是一个前所未有的大牛市，推动股市上涨的主要因素是大涨的网络股和高科技股。而巴菲特拒绝投资高科技类股票，继续持有可口可乐、美国运通、吉列等传统行业公司股票，收益明显不如市场平均水平，仅 1999 年，巴菲特就亏损了 20%，是 40 多年来业绩最差的一年。

因此，股东们纷纷指责巴菲特，要求他购买市场热门的网络股，而且几乎所有的报刊都说股神的投资策略已经过时了，但巴菲特仍然不为所动。

巴菲特表达了他对大牛市的看法："还有什么比参与一场牛市更令人振奋的，在牛市中公司股东得到的回报变得与公司本身缓慢增长的业绩完全脱节。然而，不幸的是，股票价格绝对不可能无限期地超出公司本身的价值。实际上，由于股票持有者频繁地买进卖出以及他们承担的投资管理成本，在很长一段时期内他们总体的投资回报必定低于他们所拥有的上市公司的业绩。如果美国公司总体上实现约 12% 的年净资产收益，那么投资者最终的收益必定低得多。牛市能使数学定律黯淡无光，但却不能废除它们。"

最终结果证明巴菲特是正确的——2000 年以后美国股市大跌超过一半，而同期巴菲特业绩却逆势上扬超过 30%，股神笑到了最后。

巴菲特何时买股票

> 只有资本市场极度低迷，整个企业界普遍感到悲观之时，获取非常丰厚回报的投资良机才会出现。
>
> ——巴菲特

1971~1972年，美国股市大涨，施乐、宝丽来、得克萨斯仪器等"漂亮50股"的平均市盈率上涨到令人惊讶的80倍水平。股市火爆时巴菲特开始大量抛售股票，耐心等待股市下跌。1973年，"漂亮50股"开始大幅下跌，指数也下挫了近15%。1974年10月初，道琼斯指数从1000点狂跌到580点，两年内下跌了近40%，几乎每只股票的市盈率都是个位数，没有人想再持有股票，所有人都在抛售股票。在市场极度悲观、大家都深感恐惧时，巴菲特开始贪婪地大量低价买入，他在接受采访时说："我觉得我就像一个非常好色的小伙子来到了女儿国。投资的时候到了。"

简评：巴菲特的投资行为很好地诠释了什么是"低买高卖"。

长线选股几条经验

虽然大盘自 2007 年 6124 点以来经历了大幅下跌，但也有很多股票创出了历史新高，如果能抓住这些长线牛股，即使大势不好也能获利不菲，怎样抓住这些牛股呢？

选择成长股

长线投资注重企业未来的发展前景，重点关注业绩持续高速成长的公司，如中小板的康得新、杰瑞股份这些朝阳行业的龙头公司，在大势不好时股价仍然大幅上涨，如图 1 所示。

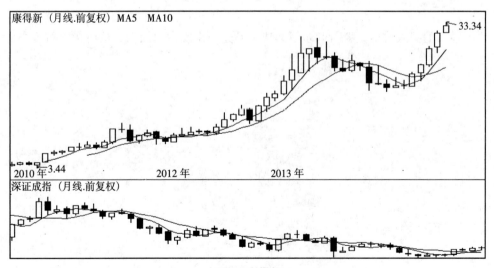

图 1 康得新

选择中小盘股

在中国股票历史上，大多数长线大牛股都是在中小盘股中诞生的，如苏宁云商（原苏宁电器）上市时股本只有 9316 万股，因高速成长，股价开启长达数年的大牛市。如图 2 所示。

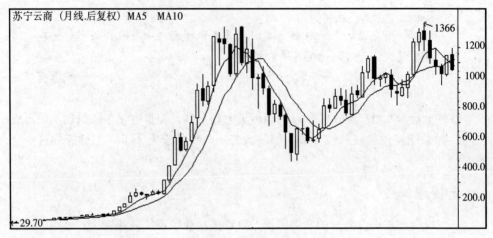

图 2　苏宁云商

选择时机

最好的买入时机是股价起步不久或长升途中出现大幅回档，这时买入风险小、盈利空间大。

巴菲特败走康菲石油

股市格言：最聪明的也是最简单的方法。

在 2009 年致股东的信中，巴菲特承认犯了一个严重的错误："在油价和天然气价格接近最高点时，我购买了大量的康菲石油公司股票。我没能预计到 2008 年下半年能源价格的戏剧性下跌，我仍然认为未来石油价格会比现在的 40 美元~50 美元/桶高得多。即使石油价格回升，我选择购买的时机也让伯克希尔消耗了数 10 亿美元。"

伯克希尔公司 2008 年第四季度净收益 1.17 亿美元，比 2007 年同期的 29.5 亿美元下降了 96%，主要原因就是对康菲石油公司的重大投资损失，巴菲特被迫在康菲石油股价下跌超过一半时卖出，亏损近 26 亿美元。

巴菲特在信中认为自己错在时机把握不对，但成名后的巴菲特从来不做短线，实行的是对成长股低价买入、长期持有策略，所以巴菲特"追涨杀跌"康菲石油不是在做短线而应该是基本面方面的原因。2008 年，康菲石油的业绩非常差，计提后的净利润为 -169.98 亿美元，而同期埃克森美孚净利润为 452.2 亿美元。巴菲特可能对康菲石油的长期经营能力比较失望，虽然股价便宜，但既不是行业龙头又不是绩优成长，所以果断止损。从这方面来说，巴菲特知错就改、果断止损的能力也是非常令人称道的。

第三部分

最成功的人是最善于坚持的人

一年赚 60 万元的炒股经验

> 当市场在顶部时，异口同声地看多的人最多；在重大的底部时，很少有人持牛市的观点。
>
> ——理查·费尔兹

股民炒股经验

2006 年 8 月入市，回顾这些年的投资，真是酸甜苦辣，什么滋味都有，但总的看来收获很多，不光是收入上的，还有经验和知识，以及自己的成就感。入市时大盘 1650 点，到一年后大盘上涨 3 倍，我的资金账户增长了 5 倍，从 15 万元到 75 万元。

我起初的选股原则是找自己熟悉的股票，比如说中国联通、贵州茅台、青岛啤酒，喜欢买便宜货，认为只要是大牌子就不会亏。再就是选择市盈率较低的品种，记得买过中国联通、青岛啤酒，共投入 2 万元。形势还不错，刚买就涨了，两三天就涨了 1000 多元，稍有振荡我就逃之夭夭，对自己的表现还是很满意，俨然一名股票老手的样子。

那段时间总是追涨杀跌，几天换 1 只股票，两三个月买了不下 30 只股票。有赚有赔，一算总账，扣掉手续费收入才不到 1000 元，而大盘涨到 2000 点。我总结了过去的操作，发现关键的原因是操作太频繁，而且也不应该随便听取别人的建议，自己没有主见。此外还发现，股票有的涨得快，有的涨得慢，如何准确地找到涨得快的股票没概念；股价信息更新速度太慢了，行业信息配合不全，得知哪个股票要涨的时候，太慢了，自己还要犹豫很久才肯决定。

后来，我放宽了一些条件，重点考虑每股收益增长速度、领涨股、机构介入等因素，终于选出 100 多只股票。这些股票当中，我发现有色金属股票居多，当时这些金属股已涨了很多，但是各项指标仍然很好，看起来还有很大的成长空间。经过研究，我从这 100 多只股票中又选定了 2 只股票作为我的投资对象：焦作万方和孚日股份，分别是 9.3 元、9 元买入，然后就等着上涨。还好这 2 只股票已经启动，刚买了我就有收入，我更加信服这种选股方式。随后，我又从银行存款追加了 13 万元全部买入了这 2 只股票，分别在 10.2 元和 10.5 元全部买入。这时股市已接近 3000 点，有些股票已进入调整期，但我对这 2 只股票信心十足。没有因为调整就卖掉。

经历了 3 个月的上涨，2 只股票涨了 1 倍多，进入调整期，我觉得他们可能上涨空间不会太大，就卖掉了。后来，我又选中了中孚实业，第一季度每股收益 0.72 元，才 20 多元的价格，收益比焦作万方好，盘子也不大，价格不高，很好的优质股，所以全线杀入，买入价 27 元，结果刚买入就遇到调整最低 23 元，因为那时市场极度恐慌，但我对它充满信心，一直持有，到后来已经达 70 元。

我的股票卖出原则：股票超过合理的估价水平的 30%~50% 卖出；止损设定 15%，而且随着股价上涨相应提升，跌破止损价就卖出。根据自己的经验，我认为股票投资最重要有四点：一是要选择好的股票，最关键的是收益能力和收益增长速度，动态市盈率也可做实际估值参考，只要是好股票总会上涨的；二是要采用买入持有策略操作，不能频繁换股，多进行对比，否则只会让券商挣钱，给他们打工；三是不要相信消息，设定自己的卖出原则就不要改变；四是要随时盯住股价情况，不能有丝毫松懈。

(摘自：《证券时报》，2008 年 6 月 14 日)

什么时候容易赚钱

大势好时易赚钱

2006 年爆发了中国有史以来最牛的一波行情，许多人稀里糊涂地买、稀里糊涂地卖、稀里糊涂地赚了钱。在牛市里，"傻乎乎"一路持有的人，最终赚到了最多的钱。

企业高速发展时易赚钱

大华股份从上市起至 2013 年净利润逐年高速增长，股价也随之大幅上涨，如表 1 和图 1 所示。

表 1　大华股份

	2013 年	2012 年	2011 年	2010 年	2009 年	2008 年
营业收入（亿元）	54.1	35.3	22.1	15.2	8.36	6.32
净利润（亿元）	11.3	7.00	3.78	2.60	1.17	1.04

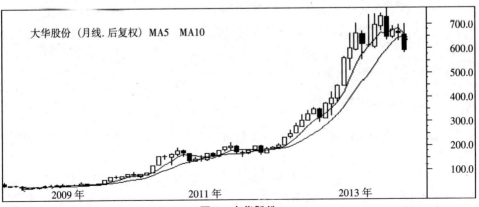

图 1　大华股份

大师犯错知多少

> 当趋势离你而去的时候，死撑毫无意义，抱着侥幸没有一点用。尽快承认损失并离开市场。你将因为离开市场来"赚"到一笔钱，并等待适合你的市场机会，这样你的物质条件良好，心态也不错。打败市场是一个智力的战争，你的心态要积极、敏锐、警觉。你要学会快速的调整改变你的心态和行为。当你的心态变的迟缓，你的行动就会失去果断快速，你在市场里就根本无法立足。
>
> ——江恩

索罗斯过于自信吃大亏

1987 年，日本股市火热，市场平均市盈率高达 48.5 倍，而美国股市市盈率仅 19.7 倍。索罗斯草率认为日本股市泡沫即将破裂，就在市盈率较高的东京股市做空，在市盈率较低的美国股市做多。但结果正好相反：1987 年 10 月 19 日美国股市崩溃了，而日本股市却仍然坚挺，索罗斯两头受损，量子基金当年大亏 32%。

简评：市盈率不能作为买卖股票的唯一依据。

格雷厄姆抄底破产

1929 年 10 月 24 日美国股市崩盘，此后市场一直处于振荡探底过程中，到 1932 年，道琼斯指数下跌了近 90%。危机刚开始时格雷厄姆损失还不大，在躲过最初的暴跌后他大胆冲进股市抄底，但随着指数屡创新低，他的账户亏损累累，最终不得不破产。

简评：永远不要认为自己比市场聪明。

利物默逆势巨亏

1929 年，美国股市崩溃，利物默提前做空当年盈利 1 亿美元，获"空头高手"的称号。

1931 年，在股市仍然一片萧条的情况下，利物默开始抄底，当年大亏，两年后资金全部亏光，输掉大约 3000 万美元。

简评：任何时候都要注意风险控制，高手也不例外。

曹仁超不止损大赔

1973 年港股达到 1773 点高位后开始转向下跌，1974 年 7 月跌至 290 点，曹仁超认为机会来了，开始抄底。当时和记洋行从 43 港元一路跌至 5.8 港元，曹仁超全仓买入。但港股指数继续大跌到 150 点，和记洋行也跌到 1.1 港元，曹仁超被迫斩仓，亏损 80%以上。

简评：没有最低，只有更低，抄底要注意风险。

怎样解套

股价大幅下跌后，后市可能有三种走势：①股价大幅反弹，顺利解套；②缩量振荡，长期横盘；③继续下跌，套得更深。

大多数被套牢的投资者希望后市能大幅反弹、顺利解套，但对可能出现的另外两种不利走势则视而不见或估计不足。实际上，后市继续出现不利走势的概率占到了2/3。

一旦被套牢，被动等待不是好办法，主动出击才最有可能挽回败局。如果被动等待，如果股价长期横盘或继续下跌，资金将被彻底套牢不能流动，既损失时间又损失金钱，投资者心理将遭受巨大打击，造成缺乏自信、犹豫不决等心理缺陷。因此，较好的解套策略是盘活资金、主动出击，操作时要完全忽略以前的股价走势和买入价格，把套牢股票当做昨天刚买进的，然后按照交易方法重新操作：如果股价反弹，可择机获利出局；如果走势不佳则第一时间平仓并参与其他更好的机会。只要把资金始终投到最好的机会中，就能很快弥补亏损并实现盈利。

当然，再好的解套方法也不如事先避免套牢。与其被套后费尽心思解套，不如防患于未然，在出现风险苗头时果断止损，牢牢把握主动。

著名基金经理杜肯米勒曾在1987年10月19日美国股市崩盘的前一天满仓做多，19日当天股市大幅低开，杜肯米勒损失惨重，但他没有停止不动，而是顺应市场趋势，迅速清仓并反手做空，结果杜肯米勒很快就弥补了亏损并开始盈利。如果杜肯米勒坐等解套，就会在股市的进一步下跌中迅速破产。善于接受错误、迅速改正错误是伟大交易员的标志。

十岁小孩会炒股

牢牢沾住一个你能很好把握的股票。

——江恩

在由美国证券业及金融市场协会（SIFMA）举办的纽约地区模拟炒股大赛最新一季比赛中，麦克莱德尔和蒂莫西·古拔得头筹。他们通过 1 只股票、债券和基金的混合投资组合，成功地在一年内令 100000 美元的本金增值至 152000 美元。相当不错的战绩。

最开始，麦克莱德尔和蒂莫西·古将资金全部买入戴尔的股票（这是当时这两个四年级的男孩唯一认识的股票），随后他们又转投了其如日中天的竞争对手——苹果公司。当这家 iPad 生产商的股票涨至 300 美元每股时，两人抛掉了手里的股票，这也令他们在模拟炒股大赛中的排名一路飙升，最终从垫底升至榜首。

"梅西百货的股价表现也相当不错，"蒂莫西·古说："到比赛结束时，梅西百货和苹果是我们投资组合中表现最好的两只股票。"

这两位小朋友通过谷歌财经和看电视新闻——CNBC、MSNBC 电视台和 Squawk-box 栏目是他们的最爱——来追踪其投资组合表现（其中包括从高盛和先锋基金购买的债券及共同基金）。他们也曾试图让蒂莫西·古的父亲给他们一些投资建议，但当得知当年他在学校参加模拟炒股大赛成绩垫底时就觉得"求人不如靠自己"。

炒股大赛秋季赛冠军、年仅 10 岁的诗奎拉·保尔森想必也是感同身受。她通过购买一家名为光谱制药公司（Spectrum Pharmaceuticals）的股票而一举令手中 100000 美元的虚拟资产增值至 118000 美元，而她购买光谱制药的原因是，这家公司名称的首字母缩写与她的名字一样。她的投资策略是大部分投资者都应好好学习的："要选择不同类型的公司且逢低买入"。

事实上，这三位"小大人"的做法值得所有投资者效仿，那就是选一只好股票并长期持有。

麦克莱德尔说："整个夏季，我们一笔交易都没做，就一直持有手中的这些股票。"其实，我们都应这么做。

（摘自：福布斯中文网，2012 年 11 月 20 日）

失败的秘诀

当你放下面子赚钱的时候，说明你已经懂事了。当你用钱赚回面子的时候，说明你已经成功了。当你用面子可以赚钱的时候，说明你已经是人物了。当你还停留在那里喝酒、吹牛，啥也不懂还装懂，只爱所谓的面子的时候，说明你这辈子也就这样了。

——李嘉诚

在美国著名导演比尔·寇斯比的新片发布会上，有记者请他谈谈成功的秘诀。比尔·寇斯比说："我不知道成功的秘诀，不过，我可以确定失败的秘诀，就是想要取悦所有的人。"

简评：炒股失败的秘诀就是，必须每一次交易都赚钱。

交易的本质

只要我知道我的建仓位和止损位在什么地方。我知道最坏的事情会是什么，并且已经接受了它和它发生的可能。我还有什么可以紧张的呢？

不管是在生活中还是在市场中，如果你没有规则去遵从，那么你很快就会发疯的。

——拉瑞·威廉姆斯

股票交易的本质是什么？——波动

每一只交易中的股票，都时刻处在上升或下跌的波动中，这个波动有时比较长，有时比较短，没有什么规律。买入一只股票，接下来价格是向上波动还是向下波动并没有肯定的答案，两者皆有可能。了解了这一点，对股价的上涨和下跌就会有充足的心理准备：波动随时都会来，它有时候顺我们的意愿，有时候却违背我们的意愿，我们并不能左右它，随波逐浪成为最省力的赚钱方式。

市场会告诉你一切

市场是老板。

——乔治·席格

打工要听老板的，炒股要听市场的。

你可能每天都在思考：我的股票会涨吗？有没有什么消息？股评是怎么说的？其实不管你怎么想、怎么做，对市场都不会有丝毫影响，市场仍然按照自己的步调运行。如果你不紧跟市场的步伐，即使有再多想法也会很快被甩出局。

预测是主观的看法，实际交易必须听从市场的选择，严格按照市场指明的方向交易。只有抛弃任何主观的意识，跟着市场走，才能到达成功的彼岸。

市场是主宰，涨还是跌，它都已经清清楚楚告诉了你。不要有太多想法，你要做的就是：相信它，跟上它。

成功需要的心理素质

> 我们也会有恐惧和贪婪，只不过在别人贪婪的时候我们恐惧，在别人恐惧的时候我们贪婪。
>
> ——巴菲特

在股票投资中，心理控制与资金管理、投资方法同等重要，但股民往往会忽略它。实际上，良好的心理素质是投资成功的前提，没有好的心理素质，再好的投资方法也不能得到彻底执行。

很多人对股市基本面、技术面、消息面分析的头头是道，最后仍然亏多盈少，这与心理因素有关。炒股首先要控制好情绪，急躁、贪婪、恐惧都会导致一笔交易失败，只有克服心理上的弱点，才能取得预想中的成功。

成功的投资者需要具备以下心理素质。

信心

对自己的交易方法具有信心。坚信经过验证的交易方法是有效的，不犹豫、不随大流，坚持按自己的方法做。

如果屡战屡败、暂时没有取得成绩，也不要灰心，困难的事情经过长期磨合就会变得容易。相信自己，坚持不懈，就一定会取得成功。

不贪

股市里有大把赚钱的机会，但我们只能赚到其中的一部分。我们不会每次交易都赚钱，也不会把一波行情里所有的钱都赚到。大牛股只有在碰巧的情况下才会与我们有缘，你不可能抓住所有大牛股。如果你能达到巴菲特的收益率，但仍然希望赚更多的钱，这很可能是一个危险的想法。记住：永远赚最好赚的钱。

不急

俗话说：财不入急门。钱要按部就班的赚，欲速则不达。

股民大都喜欢追求短线暴利，这样做风险大、成功率低，长期看鲜有成功者。

著名大师巴菲特、彼得·林奇都是靠稳定增长的收益和巨大的复利效应获得成功的。如果不急于求成，就不会去赌。冷静地规避风险、追求长期稳定收益，才能长期成功。

耐心

杰西·利物默有段名言："我赚到大钱的诀窍不在于我怎么思考，而在于我能安坐不动，坐着不动，明白吗？在股票这行，能够买对了且能安坐不动的人少之又少，我发现这是最难学的。忽略大势，执着于股票的小波动是致命的，没有人能够抓到所有的波动。这行的秘密就在于熊市时，买进股票，安坐不动，直到你认为牛市接近结束。"

成功的投资者总是在耐心等待市场给他们提供好机会，当理想的机会出现时，立即发出重重一击。失败的投资者不甘寂寞，频繁跑进跑出，除了增加成本和亏损，徒劳无益。

为什么交易时犹豫不决

有些股市老手交易时犹豫不决：该买时不买、该卖时不卖，越拖越后悔。究其原因，有以下几种：

（1）遭遇连续亏损后，对交易方法产生了怀疑；

（2）同时使用多个交易方法，出入市信号不一致，无所适从；

（3）受传闻、消息影响，拿不定主意；

（4）预期太高，想以最低价买入、最高价卖出；

（5）交易时参考技术面、基本面、消息面，信息太多，互相干扰。

解决方法：

（1）使用经过长期验证的交易方法，对交易方法树立信心；

（2）一招鲜，吃遍天，有用的方法一种就足够了；

（3）完全按照自己的方法交易，不考虑任何外界影响；

（4）不贪，不为了小利而冒险；

（5）交易方法尽量简单，越简单越有效。

成功靠自己

> 对任何给你内幕消息的人士，无论是理发师、美容师还是餐馆跑堂，都要小心。
>
> ——伯纳德·巴鲁克

伯纳德·巴鲁克是美国著名的金融家、股票投机大师，在一次咖啡交易中损失惨重。那时他从一位重要人物那里探听到咖啡将要大量减产的消息，于是大量买进。然而，市场正好相反，当年的咖啡产量创历史新高，咖啡价格持续下跌。

最终伯纳德·巴鲁克不得不全部清仓，损失了七八十万美元。这次经历让伯纳德·巴鲁克终生难忘，他说："内部消息会麻痹人的推理能力，使他对最显然的事实也不理不顾。"

伯纳德·巴鲁克的忠告：

（1）别试着买在最低点、卖在最高点，这是不可能的，除非你撒谎。

（2）别买太多股票，以保证你能仔细地观察它们。

何时才能稳定盈利

股市格言：你如果能在股市熬十年，你应该能不断赚到钱；如果熬了二十年，你的经验将极有借鉴的价值；如果熬了三十年，那你退休的时候，定然是极其富有的人。

在任何行业要想取得成功都不是一件容易的事情。一般情况下，股民不断重复着这样一个过程：寻找交易方法→不满意、否决→再寻找新的交易方法→不满意、再否决，循环往复，如果不走出这个怪圈，恐怕一辈子都难以成功。

成功的交易者执行以下步骤：寻找交易方法→大量数据验证交易方法→模拟交易、实盘练习→坚决执行。总结一套科学的、适合自己的交易方法一般要 3~5 年，这段时间内听消息、频繁交易、不止损等错误习惯会让你走很多弯路。磨炼心态、锻炼执行能力也要 3~5 年，这期间主要是磨炼避免外界干扰的能力，如果受到高人指点这个过程可能会大大缩短。

举例

美国金融家伯纳德·巴鲁克刚进华尔街时，父亲给了他 10 万美元巨款作为投资本金，三年后，这笔钱全部亏光。在父亲的信任与支持下，巴鲁克拿着家里最后的 10 万美元重新进入股市，终于在第六年的时候，他第一次一笔赚到 6 万美元，从此走上成功的道路。

怎样避免被洗出去

追随趋势。绝对不要一厢情愿地认为某一价位是高价区或低价区，抄底和摸顶都是非常危险的。能判断对的只是市场可能走的方向，但朝某个方向走多远得由市场去决定。做单要顺势，势越强，越容易赚钱。

——理查·丹尼斯

抓住一只牛股能很快使本金翻番或翻几番，但真正能从牛股中获大利的人并不多，多数人在行情刚起步或半途中就被洗出去了。如何避免在股价上升途中被过早洗出去，要牢记以下八个原则：

（1）坚守交易规则，避免不相关信息的干扰；

（2）保持耐心，不急功近利；

（3）不盯盘、不打探消息，保持心态平和；

（4）不用借来的钱投资，留出足够生活费用；

（5）做好资金管理，持有合理仓位；

（6）不测顶、不测底，让市自己走出顶和底；

（7）不数钱，不以盈利多少或亏损作为出入市依据；

（8）拿不定主意时，重新审视一下自己的交易原则。

为什么大赚后容易大亏

> 要成为成功的交易者，必须善于承认错误。在投资交易中，只有那些易于接受自己犯错误的事实的人，才能成为获胜者。
>
> ——维克多·斯柏

有些股民在连续几次盈利后，信心爆棚，对风险放松警惕，当市场行情发生了变化时，不认错、不顺势而为，结果在与市场的一次次对抗中，大败而回。

举例

2012年5月10日，美国最大的银行——摩根大通宣布：一个以对冲风险为初衷的交易组合过去六周内亏损了20亿美元巨款。消息发布后，公司股价暴跌，市值瞬间蒸发150亿美元。

这个交易组合的核心交易员是伊克西尔，他曾在2008~2010年，为公司赚取了数亿美元利润。在这次巨亏操作中，他是债券市场上的主力，但市场走势与他的判断相反，而他不肯认错，不断加仓与市场对赌，最终损失惨重，被迫平仓，前几年的收益总和也远远抵不上这一次大的损失。

简评：要避免大赚大亏、大起大落，就必须摆正位置、平和心态，树立以市场为导向的投资理念。

投资中最难的是什么

> 在华尔街经历了这么多事情，在赚了几百万美元，又亏了几百万美元之后，我想告诉你这一点：我的想法从来都没有替我赚过大钱，总是我坚持不动替我赚大钱，懂了吗？是我坚持不动！能够同时判断正确又坚持不动的人很罕见，我发现这是最难学习的一件事。但是股票作手只有切实了解这一点后，他才能够赚大钱。
>
> ——杰西·利物默

有一套炒股方法并不难，难的是坚持。投资中最难做到的莫过于自始至终严格执行交易计划。我们可以自查一下，有多少交易是完全按照预先计划执行的？相信未能实现稳定盈利的投资者都是经常更改交易计划或者没有任何交易计划的人。

不能按计划交易，常见的原因有：

交易方法不完善

交易方法没有经过大量模拟验证就投入实战，执行时效果不好，造成对交易方法不信任。因此，有一套长期验证过的、能稳定盈利的交易方法是炒股的基础。

贪婪

不断更换交易方法，试图找到一把百发百中的金钥匙。

心态不稳

过于注重蝇头小利，买入时报价过低，卖出时报价过高，斤斤计较毁了一笔好交易。

投机取巧

有时候不遵守交易方法也赚到了钱，助长了不按计划交易的坏习惯。

看大势赚大钱

　　忽略大势、执着于股票的小波动是致命的。这行的秘密就在于牛市时，买进股票，安坐不动，直到你认为牛市接近结束时再脱手。

——杰西·利物默

　　大势，就是股价运行的大方向或者企业发展的大趋势。看大势，就是寻找大的赚钱机会。

　　看小势者赚小钱，赚小钱者不仅不能发财，在成本和交易亏损的损耗下，最终都是失败者。不需要每天、每月都能赚大钱，人的一生中能抓住几次大的机会就会很富有了，仁达公司董事长刘元生抓住中国房地产发展的大趋势，长期持有万科而获利 500 倍就是生动的例子。

举例：失落的百万富翁

　　那是"股市黄金十年"之说盛行的 2006 年、2007 年，刚刚炒股一年的我差点成为一名年轻的百万富翁。人们应该记得，在 2006 年底到 2007 年初的几个月里，中国股市上演了惊天动地的跨年行情，从 2006 年 2 月到 2007 年 11 月，A 股指数涨幅超过 50%，其中地产股更是神勇，"领头羊"万科 A 涨幅超过 90%。错过这般行情我颇为不甘，希望从滞涨的地产股中钓条大鱼。于是，业绩优异而涨幅远远落后地产股平均水平的天鸿宝业进入我的视线。我在 7 元左右买入 2 万股，随后同事小强、小凯、丁丁在我的带领下也纷纷购入。

　　然而，在地产板块一片飘红的背景下，该股却频受打压，走势疲弱。不到半个月，几个哥们就愤然换股。面对众叛亲离，我几经挣扎后，在 8 元左右也脚底抹油了。然而，2007 年春节过后，该股开始发力，股价节节上升，可越涨越不敢买。4 月里，突然一天，天鸿宝业发公告称成正在讨论非公开发行事项，持续停牌。此时股价已经攀升到 14.5 元，比我最初的持股成本翻了一倍。6 月，该股复牌，北京最大的地产商之一首开集团借助增发入主天鸿宝业，草鸡变凤凰。随后就是 8 个连续涨停，经过调整后股价持续上涨，到 8 月初股价突破 50 元。

　　遥想我最初的 2 万股，抹泪啊！那时我离百万富翁何其接近。穿越当年，意在总结经验、看清当下：坚持自己最初的选择，无论是在别人恐惧还是贪婪的时候，丰厚的回报就来得不远了。

（摘自:《新闻晨报》，2011 年 10 月 1 日）

买股票就是买未来

我从不试图通过股市赚钱。我们购买股票是在假设它们次日关闭股市，或者在五年内不重开股市的基础上。

——巴菲特

股价走势与公司未来的业绩变化密切相关，如果市场预期公司业绩将持续高增长，股价终归会大涨。因此，产品热销的白马股和脱胎换骨的重组股的股价必然大涨。

举例

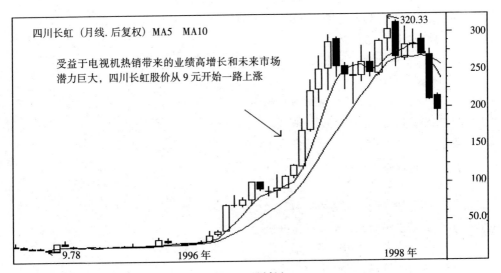

图1　四川长虹

江恩 21 条买卖守则

要想在股票中交易获利，你必须先获取知识；你必须在损失之前就开始学习。

——江恩

江恩总结多年交易经验，写下 21 条买卖守则，主要适用于投机交易：

(1) 每次入市交易，损失不超过资金的十分之一。

(2) 设立止损位，减少损失。

(3) 不过量买卖、不频繁交易。

(4) 不要让所持仓位转盈为亏。

(5) 顺势而为。市场趋势不明显时，宁可在场外观望。

(6) 若有怀疑，马上离场。入市时要坚决，犹豫不决时不要入市。

(7) 只在活跃的市场交易。

(8) 不设定目标价，服从市场走势。

(9) 不随意平仓。

(10) 连续获利后，可提取部分利润。

(11) 不只因分红派息而买入股票。

(12) 亏损时，不要抄底、摊低成本。

(13) 不因急躁而入市，也不因急躁而平仓。

(14) 要敢赢。

(15) 不随便移动或取消止损位。

(16) 做的多错的多，耐心等待好机会。

(17) 做多、做空双边交易，增加收益。

(18) 不要把价格高低作为交易依据。

(19) 不做对冲交易。

(20) 交易不顺时不要加码。

(21) 不随意改变交易策略。

赚钱真经：低风险高收益

> 优秀企业的标准：业务清晰易懂，业绩持续优异，由能力非凡并且为股东着想的管理层来经营的大公司。
>
> ——巴菲特

一般投资理论认为：风险和收益是正相关，高风险高回报。一些投资者为了追求高回报，不惜采用打探消息、追涨、满仓等高风险手段，希望获得短线暴利。

美国金融学教授鲍勃·豪根对 1963~2007 年表现最好和最差的股票进行了研究，他发现：几十年间，高风险的股票创造了最低的回报，而低风险的股票创造了最高的回报。

长期来看，持有低风险的高速成长股，会因为复利效应而最终收益巨大。高风险的垃圾股则充满了不确定性，有时大赚一笔，有时又大亏，很难长期盈利。巴菲特是个明显的例子，他不追逐高风险的网络股，长期持有华盛顿邮报等低风险成长股，从而成为身家数百亿美元的投资大师。与之相比，未见炒短线者能有如此成就。

一个月亏损 60 亿美元

> 我记了很多笔记，一旦有什么情况发生，我就写下来。如果我错过了一次交易的机会，我会把事情发生的经过写下来。如果被止损出局，我会把最有可能的原因写下来。如果一次交易比我想象的还要成功，或者好于应当有的结果，我会把情况记录下来。当一个交易日结束时，我可能已经写了 10 页潦草的笔记了，然后当晚上为明天的交易做准备时，我会仔细进行研究。
>
> ——杰夫·休斯

Brian Hunter 是美国 Amaranth 大型对冲基金的交易员，这只基金在 2006 年 8 月管理着近百亿美元的资产，高盛、摩根士丹利、3M 退休基金等都是这个基金的投资人。

2005 年下半年，"卡特里娜"飓风使美国发生天然气供应短缺，Brian Hunter 抓住机会做多，为公司大赚 10 多亿美元。2006 年，Amaranth 基金加大投资力度，将资产的近一半用于天然气期货交易。2006 年 8 月前，Brian Hunter 又赚了 20 亿美元。

2006 年 9 月，Brian Hunter 根据前一年的经验，认为天然气价格会再次因飓风而大涨，为此他下了大赌注，建立了巨额套利头寸。可是事与愿违，受暖冬、灾害飓风未发生等因素影响，天然气价格大幅回落。但 Brian Hunter 固执己见，继续持仓，未及时止损。9 月中旬，Amaranth 基金在天然气期货上亏损了 30 亿美元，9 月底，亏损扩大到 66 亿美元！Amaranth 基金最终爆仓并宣布破产。

事实证明，再优秀的交易员也有判断失误的时候。一个伟大的交易员不仅能在判断正确时多赚钱，也要在判断失误时少亏钱。

芒格论投资

查理把我推向了另一个方向，而不是像格雷厄姆那样只建议购买便宜货，这是他思想的力量，他拓展了我的视野。我以非同寻常的速度从猩猩进化到人类，否则我会比现在贫穷得多。

——巴菲特

芒格："沃伦（巴菲特）是这个世界上最佳的持续学习机器。乌龟最终战胜兔子是持续努力的结果，一旦你停止了学习，整个世界将从你身旁呼啸而过。沃伦很幸运，直到今天，即便是早已过了退休的年龄，他仍可以有效地学习，持续地改善其技巧。沃伦的投资技巧在65岁后更是百尺竿头更上一层。作为一直从旁默默关注的我，可以肯定地说，如果沃伦停留在其早期的认识水平上，这个纪录也就不过如此了。"

芒格："许多IQ（智商）很高的人却是糟糕的投资者，原因是他们的品性缺陷。我认为，优秀的品性比大脑更重要，你必须严格控制那些非理性的情绪，你需要镇定、自律，对损失与不幸淡然处之，同样地也不能被狂喜冲昏头脑。"

戴若·顾比炒股名言

我从来不在我不懂的事情上投入大量的金钱。

——彼得·林奇

戴若·顾比是著名的技术分析大师，他的许多经验能为我们提供很大帮助：

——刚刚进入市场的时候，我们首先要学习，然后我们可能会选一只股票，观察它的走势，进行模拟操作。如果这种方法是成功的，再选择另外一只股票……当我们对这种方法自信的时候，就可以进行实际操作了。

——我只是股市中的一条小鱼，我没有力量去和趋势做斗争，我只能顺势而为。

——当我犯了一个错误时，我会承认我错了，然后我会改变我的看法。

——在金融市场中，教条地固守交易分析不会帮助我们获得盈利。趋势线也只是一种交易工具，而不是一种预测价格行为的方法。

——价格走势图能够告诉我投资大众的心态和情绪。它虽然不可能告诉我公司基本面是否具有真实价值、公司经营管理及产品和服务质量如何等。而股价走势图却能表明，市场中的投资者和投机者是如何判断上述基本面信息的。

——我的交易策略非常简单：寻找上升趋势的股票买入，然后一直持有，直到开始下跌时再将它们卖出。

——所有的成功都是从失败开始的，当你有几笔成功的交易的时候就很容易骄傲，但是市场不喜欢骄傲的投资者，它总会让人谦虚。1997 年我有四次非常成功的交易，我很高兴，其后有一天的早上，我发现了一次很好的交易机会，于是立即下了买单，当下午收盘我离开办公室的时候，那笔交易已经让我赔了 18000 美元，这次交易提醒我任何时候都不能骄傲。

巴菲特最糟糕的交易

　　企业要想取得持久的成功，至关重要的是要拥有令竞争对手望而生畏的竞争优势，要么是像 GEICO 保险和 Costco 超市那样保持低成本，要么是像可口可乐、吉列和美国运通公司那样拥有强大的全球性品牌。这种令人望而生畏的高门槛对企业获得持续成功至关重要。

——巴菲特

　　巴菲特说："我最愚蠢的一笔交易是买下了伯克希尔·哈撒韦，我知道说出这话就得好好解释。那是 1962 年，当时我操作的资金规模只有 700 万美元。当时伯克希尔公司从流动资本来看很便宜，作为一家老牌纺织企业，走向没落已有段时日。每一次关闭一家工厂，就会用得到的钱买些自己的股票，于是我打算在他们之前买入股票，将来再卖给他们，从中赚些利润。就这样，1964 年我手里已经有不少他们的股票，我去跟管理层谈判，果然他们要出钱买我手里的股票，我跟他们说好 11.5 美元就都卖给他们，但他们只肯出 11.38 美元，这让我非常生气，于是我买下了整个公司，开除了 CEO。后来伯克希尔成为一切的基础，直到 1967 年我找到了一家保险公司，于是帮伯克希尔打造了保险为主的业务。"

　　"但它毕竟是一家纺织企业，所有的资产和业务让我随后整整 20 年时间里，不得不一直向这些赔钱的业务注入资金。我们后来还买了一家纺织厂，而且还不停地购置机器，希望可以减少人力。但是整整 20 年，我们所有的努力都没有见效，事实证明纺织行业不行。如果伯克希尔起点是一家保险公司，那么市值将是现在的 2 倍。这笔交易损失了至少 2000 亿美元，因为我投入的每一笔钱都是负累。"

　　"我得到的教训是如果你深陷一个很烂的行业，尽早逃离为妙。所以我一直说成为好的基金经理，最重要的是投资好的行业。那样所有人都会认为你很聪明。除非你认为自己是个管理天才，那你可以去试着让很烂的行业起死回生，不过那又何必呢？我在多年前的年报中写过一句话：如果一个名声很好的投资经理，遭遇到一个名声很差的行业，那么最后保住名声的一定是那个行业。"

　　"所以我现在实际上是天天面对自己最大的败笔。但我当时是按照格雷厄姆的理论投资便宜的公司。现在我知道了，宁可在相对不错的价格买入好公司，也不要在看似折扣的价格买入差公司。"

"投资经营和奥运赛场不同，奥运会跳水项目会因为你选择高难度而给你加分，而经营企业，不会因为有人认为你选择了更加曲折的道路而给你加分。付出一份努力就可以得到的结果为什么要付出七八倍努力呢。"

"这些 1959 年我遇到查理芒格的时候他就告诉我了，可惜当时我没听他的。"

巴菲特在总结这段经历时认为：一只能从 1 数到 10 的马是只了不起的马，却不是了不起的数学家，同样，一家能够合理运用资金的纺织公司是一家了不起的纺织公司，却不是什么了不起的企业。当你遇到一艘总是会漏水的破船，与其不断白费力气去补破洞，还不如把精力放在如何换条好船上。

（摘自：《证券市场周刊》，2013 年 9 月 23 日）

第四部分

最简单的方法最有效

什么是"以错误的方式获利"

> 股市格言：任何人都不得从自己的错误行为中获利。

交易时没有遵守自己的交易计划，但也赚到了钱，称为"以错误的方式获利"。

不按计划交易源于贪婪、恐惧、赌一把等心理，采用的是满仓、听信传闻、高位追涨、不止损等不正确的投资方式。用不正确的方式赚钱会强化坏的投资习惯，一旦用错误方式获得一次成功，就总想再试一试手气，这也是有些人乐衷于赌场的原因。实际上没有哪个成功人士是靠赌博成功的，当然，赌场老板除外。用错误方式获得的利润最终都将被市场收回，甚至更多。

以错误的方式盈利是导致不能坚持交易计划的重要原因，不能坚持交易计划就谈不上长期稳定盈利。因此，要想炒股成功就必须拒绝赌博思想，抛弃任何错误的、不合理的投资方式。

炒股成功需要消除哪些心理障碍

有人认为市场会涨，有人认为市场会跌，有人认为市场会按照自己的想法去做。其实不管你怎么想，市场都不会因为你的想法而改变，市场将一如既往地按照自己的规律运行。放下自尊，跟着市场走才是最容易成功的方式。

大家都知道：炒股是三分技术、七分心理。有了健康的心理，才能保证炒股技术正常发挥。炒股时要注意克服以下心理障碍：

主观意识强，从不认错

主要表现在，当市场走势与自己的预期相反时，不及时调整策略，与市场悖道而驰。

不肯认错是因为投资者盲目自信。股价波动受基本面、资金面、消息面、心理面、政策面等多种因素的综合影响，而投资者的知识量、信息量有限，不可能完全预测市场走势。

孟子说："行有不得者，皆反求诸。意思是自己的行为没有得到预期的结果，就要自我反省，一切从自己身上找原因。"孔子也说："躬自厚而薄责于人，则远怨矣。意思是要积极地从自身找原因，而不是一味抱怨别人，才能真正找到问题所在。"

期望太高

股市上，短期暴富的机会有，但非常少且风险大，很难把握。

目前成功的投资大师巴菲特、林奇等都是靠年复一年的低风险稳定盈利而致富的，为了一夜暴富而冒大风险，无异于火中取栗，欲速则不达。

追求完美

交易的特点就是有盈有亏，亏损是交易的一部分。全部盈利或者全部亏损的交易是没有的，盈利和亏损总是交替出现。即使华尔街的顶尖交易员在十年中的平均正确率也仅有 35%左右。只有真正意识到，亏损和盈利都是交易中的正常现象和暂时现象，才能保持平静的心态，胜不骄、败不馁，坚持按计划交易。

不怕赢怕亏

如果有两只股票，一只上涨了 20%，另一只亏损了 20%，大多数股民会抛掉上涨的股票而继续持有下跌的股票。实际上，大部分上涨的股票会继续上涨，大部分下跌的股票会继续下跌，投资者很可能错失了一只牛股而留下了一只熊股。股民要有敢赢敢亏的心理，趋势好的股票要敢于持仓不动，亏损的股票要敢于清仓。截断亏损，让利润奔跑。

成功手段：奥卡姆剃刀

英国哲学家奥卡姆在 14 世纪提出了著名的奥卡姆剃刀原则："如无必要，勿增实体"，即"简单有效原则"。意思是，已经做好的东西，就不要再添加多余的东西；如果有多个理论可以解释一件事，最有效的往往是最简单的那一个；对某个问题简单的解释往往比复杂的解释更正确。在股票投资上，简单的方法往往比复杂的方法收益更高。

人们在心理上都有一种把问题复杂化的倾向，但复杂化是炒股成功的严重障碍，为了提高效率和成绩，我们必须抵制这种倾向，采用简洁的投资方法。那么，在交易中，怎样有效运用奥康姆剃刀呢？

（1）简化选股。沪深股市有几千家上市公司，如果所有的股票都去研究，就会顾此失彼、疲劳不堪，效果大打折扣。如果运用奥卡姆剃刀剔除大部分不熟悉的股票，仅挑选几只熟悉的股票长期跟踪、滚动操作，相信成绩会好很多。

（2）简化交易条件。如果选股时设置太多条件，很多好机会就被过滤掉了。设计交易方法时，我们要自问一下："最简单、最直接的方法是什么？"

"水至清则无鱼"，为了追求高成功率而增设条件，效果常常相反，会使交易越来越困难。

（3）简化目标。有些投资者很羡慕别人几年大赚几十倍，但又不想放过每天一两个点的小利，结果长线做成短线，短线套成长线。我们应该简化投资目标，要么长期投资绩优成长股，要么短线投机热门股，持长看短或持短看长都会使盈利目标复杂化，影响投资业绩。

举例

禹慧（上海）投资管理公司总经理管洪志做期货曾经历了八次爆仓，也曾做豆油期货，使资金从 17 万元飙升到 700 万元。他的经验是："做期货和当兵的时候差不多，就是按照计划，有步骤地简单地去执行，不要把它搞得太复杂。"

怎样设计优秀的交易系统

> 如果你的交易系统是不完备的，那么就不要用它；相反，如果你的交易系统非常合适，那就应该坚定不移地恪守其交易法则。与此同时，积极寻求自我提高，一旦新的交易系统准备完毕，你就能够迅速适应它。因此，坚守与变通之间并没有冲突。
>
> ——威廉·埃克哈特

优秀的交易系统可以为投资者提供简单易行、目标明确、收益可观的交易准则，设计交易系统时要考虑以下原则：

交易目标

首选交易活跃、趋势明显的市场或股票作为投资标的，活跃的市场机会多、出入市方便。

交易原则

以大赚小亏、长期稳定盈利为交易原则。

著名炒手杰夫·亚思说："有一个基本观念对玩扑克和股权交易都适用，我们的主要目的不是要赢多少次，而是把获利尽量扩大。"

投机家比尔·埃克哈特也认为："一条常见……但却是完全给人误导的格言是：获利不会让你破产。这恰恰说明了许多交易者是怎样破产的。业余交易者破产是因为遭遇到大的损失，职业交易者破产是因为只获得小的利润。"

风险控制

一定要避免出现大亏。大亏不仅使以前积累的利润化为乌有，也会损失大量本金，投资者应积极使用资金管理和止损等手段化解风险。

例如，酒鬼酒因塑化剂事件连续暴跌，如果没有采取有效的风险控制，重仓持股者将损失巨大，如图1所示。

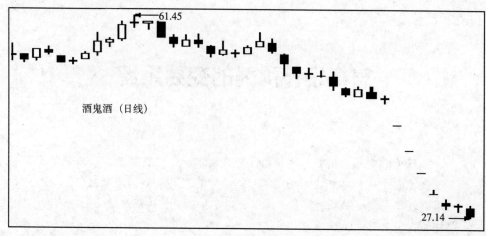

图1 酒鬼酒

资金管理

资金太分散的缺点是做对时无法获取超额利润，资金太集中的缺点是风险太大。可以采用适度集中原则，合理分配资金，每个股票投入资金量以不造成太大心理压力、不影响整体资金安全为宜。

量子基金经理杜肯米勒的名言是："看准了，就要做一头勇敢的猪。"他认为，要有超人一等的基金业绩，必须靠两件事："保本"和"击出全垒打"。严格控制投资风险和看准时机大举获利，才是基金保持长远业绩的投资之道。

适合自己

适合自己的就是最好的。

善于把握短线热点的人可采用短线交易；喜欢跟踪趋势的人可中长线持股；熟悉企业经营的人可通过基本面选股；能把握大众心理的人可采用反向投资法。任何交易方法都可以盈利，但盲目追风、不断更改交易方法的人不会盈利。

避免"追求完美"

世界上没有100%准确的交易系统，即使90%准确的交易系统也可能因为盈利过少、亏损过大而失败。如果前面几个原则做的好，40%准确的交易系统也会因为盈利大、亏损小而收益不错。

简单易行

期货炒手斯坦利·克罗认为："交易系统应该尽量简单，就是傻瓜也能执行。"

简单的交易系统更容易识别出入市信号，收益水平比复杂的系统好，可谓事半功倍。

交易系统设计步骤

股市格言：磨刀不误砍柴工。

第一步：挑选一个成功样本，如林奇模式、巴菲特模式、欧奈尔模式、葛兰威尔均线法则等，也可通过长期复盘自己选定一个交易方法。

第二步：利用历史数据进行模拟交易，测试交易方法的成功率和收益率。这一步要反复进行，选取的数据范围要广。

第三步：如果长期收益率达到或超过指数，就是一个比较好的交易系统。如果对收益率不满意，可检查交易方法是否有缺陷、执行力是否足够。

第四步：进行盘中实时模拟交易，考验心理控制、资金管理和风险管理水平。

第五步：模拟交易效果满意后，可投入少量资金实盘交易。实盘交易主要是对心理和执行力的考验，很多情况下，不是交易系统不够好，是执行力不够好才导致投资失败。

第六步：达到长期稳定收益的目标后，加大投资力度，创造更大利润。

注意事项：测试交易系统要有耐心，把各种行情都考虑到，若匆匆忙忙入市，将交一大笔学费。股市里的钱是赚不完的，可以练好本领后再入市，不必着急。

为什么亏损次数多仍能获利

交易的成功率在统计绩效时是最不重要的，甚至可能是和绩效成反比。

——威廉·埃克哈特

使用止损、资金管理等方法使每次交易的亏损额很小，碰到大涨波段又能牢牢抓住，即使成功率低仍能获利。例如，交易 10 次，其中亏损 7 次，每次最多亏 3%；获利 3 次，平均每次盈利 10%，虽然只有 33%的成功率，仍能获利。相反，如果亏损 2 次，每次亏损 20%，盈利 8 次，每次盈利 2%，即使 80%的成功率，仍然亏损。

所以，炒股成功的关键是：抓住大利润，及时止损。

为什么会经常做错

我们努力回避开那些我们不明白的公司。我在买入之前需要确定未来五年或十年公司的盈利能力。如果剔除掉那些你不能理解的公司，最后你会发现你需要关注很少一些公司就够了。

——巴菲特

有些股民很苦恼：为什么总是做错？投资者不断做错主要是由于以下原因：

（1）总是处于"试错"过程中。很多投资者没有固定的交易方法，总认为新方法可能会更好，不断尝试用新方法进行交易，但新方法总是有缺陷的，所以经常出错。

（2）交易周期太短。许多股民热衷做短线，但短线股价波动剧烈，不好把握。

（3）心态不稳，频繁追涨杀跌。

（4）听消息炒股，成功率低。

（5）不遵守交易计划。本来计划做短线，但该卖时不卖，拖来拖去套牢成长线。

复利——世界第八大奇迹

我不知道世界七大奇迹是什么，但我知道第八大奇迹是复利。

——罗斯柴尔德

棋盘倾国故事

印度舍罕王打算奖赏国际象棋的发明人——宰相达依尔。国王问他想要什么，他对国王说："陛下，请您在这张棋盘的第 1 个小格里，赏给我 1 粒麦子，在第 2 个小格里给 2 粒，第 3 个小格给 4 粒，以后每 1 小格都比前 1 小格加 1 倍。请您把这样摆满棋盘上所有的 64 格的麦粒，都赏给您的仆人吧！"国王觉得这要求太容易满足了，就命令给他这些麦粒。当人们把一袋一袋的麦子搬来开始计数时，国王才发现：就是把全印度甚至全世界的麦粒全拿来，也满足不了那位宰相的要求。

真正的成功都是复利所致。如果一个人在 20 岁时投入 1 万元，每一年的复合增长率是 35%，那么等到他 70 岁时，就可以拥有 328 亿元的资产。而巴菲特靠年均 20%多的复利增长成为世界著名的投资大师。从这些例子可以看出，尽管起步资金很低，但经过许多次复利增长之后，资金就能达到令人难以想象的天文数字。

但要注意，复利的天敌是亏损，特别是大的亏损。如果我们希望年均净利增长 25%，那么我们就要保证任何一年不能有大的亏损。一次大亏足以抹平以前大部分利润，前功尽弃。

保住本金，让利润稳定增长，哪怕是缓慢的复利，在长期增长下都会取得惊人的成就。

勤奋才能炒股成功

投资是99%的汗水加1%的灵感。

——彼得·林奇

投资同其他工作一样，收获与付出成正比。只有做的比别人多，才能做的比别人好。

基本面分析时，调研的公司越多、调研的越仔细，抓到牛股的可能性就越大；技术面分析时，模拟训练做的越多，实战的效果就越好。彼得·林奇在出任麦哲伦基金经理的13年间，基金资产由2000万美元增长至140亿美元。他非常勤奋，每年拜访几百家上市公司，每天早上6点上班，晚上7点才回家，路上的时间都在阅读。一分耕耘一分收获，林奇获得惊人的成就就不难想象了。

除了数量，工作质量也很重要。调研公司时，蜻蜓点水式的、只求数量不求质量的调研方式效果肯定不好；技术分析时，同时对很多技术指标进行分析也是出力不讨好，会陷入懂得越多收益越差的怪圈。

基本面研究的重点是摸清几个关键问题，如企业竞争力、现金流、收益增长前景等；技术分析要着眼于用简单的方法抓大波段，指标多了效果不一定好，务求简单有效。

有投资者通过对少数几只股票做简单的波段操作便获利不菲，但这个简单操作来源于数年操盘经验的积累，是投资技巧、资金管理、投资心态升华到较高程度的结果，普通投资者只要勤练、勤总结，就一定能达到驾轻就熟的理想境界。

防止被骗：识别信息的真实性

> 不进行研究的投资，就像打扑克从不看牌一样，必然失败。
>
> ——彼得·林奇

基本面分析能否有效依赖于真实的宏观数据和企业信息，如果数据和信息是虚假的或不及时的，将导致投资失败。实际上，只要稍加用心，大多数谎言都很容易被揭穿。

举例：压榨企业喊亏，又被美国农业部坑了

2012 年 11 月 10 日，美国农业部再度调高大豆产量估值，使此前市场对于"50 年不遇大旱"的悲观预期成为笑谈。

不过，此时的中国压榨企业恐怕有些笑不出来。由于不少企业此前曾高价采购大豆，若遭遇大豆、豆油、豆粕价格三重下跌，行业或出现全面亏损。

历史总是惊人的相似。2004 年，作为国际大豆贸易定价基准的美国芝加哥期货交易所（CBOT）大豆期货价格剧烈波动，不少中国压榨企业高价采购大豆。此后，大豆价格骤降，部分中国企业的大豆还没运到岸，企业就已支撑不下去，外资趁机廉价收购。

那次导致大豆期货价格剧烈波动的始作俑者是美国农业部，这一次同样如此。

当地时间上周五晚，美国农业部将该国年度大豆产量估值上调至 29.71 亿蒲式耳，高于市场平均预估的 28.92 亿蒲式耳。同时，大豆单产和库存的预估值均相应上调。受此影响，CBOT 大豆期货主力合约从每蒲式耳 1500 美分跌到每蒲式耳 1420 美分左右，跌幅逾 5%，豆油、豆粕期货价格同样大幅下挫。

而在一个多月前，受美国天气干旱的影响，大豆和豆粕的价格均曾冲到历史高位，其中进口大豆到岸价在 5000 元/吨以上，目前这个价格为 4400 元/吨。

有期货行业人士质疑，美国农业部有操纵数据之嫌，其先前的报告"诱导"大量的中国贸易商抢购待涨，诱发大量的投机行为，特别是多头心理倾向强烈，相信 QE3 会导致泡沫的投机者开始疯狂抢购大量豆类期货头寸。

东方艾格农业咨询公司分析师马文峰在接受《每日经济新闻》记者采访时也认

为，由于现在所有的信息都是美国农业部发布，不像工业品，从美国大量进口大豆的中国处于信息不对称的地位，这容易给国内的豆油压榨企业造成误判。

中国压榨企业面临亏损

中国大豆对外的依存度高达 80%，海关总署 10 日公布的数据显示，前十个月我国大豆进口量为 4834 万吨，同比增长 16.6%。在国际大豆价格高位运行的 9 月、10 月，中国分别进口大豆 497 万吨和 403 万吨。

马文峰说，因为大豆进口不需要配额，压榨企业都可以进口，不少企业认为美国大豆真的会减产，所以高价进口。现在豆粕和大豆价格下调得厉害，中国压榨企业今年预计将出现较严重的亏损。

卓创资讯农产品分析师张兰兰也表示，美国农业部报告是影响大豆市场走势的重要因素，农业部数据的增加或减少，通过影响芝加哥大豆走势继而影响国内压榨企业的采购成本，"今年进口大豆的压榨企业基本是亏本的。"

（摘自：《每日经济新闻》，2012 年 11 月 14 日）

简评：如果中国豆油企业或相关部门谨慎一些，亲自到美国农场做实地考察，就不会被美国农业部的报告忽悠，从而避免巨大损失。

怎样成为一个好的操盘手

股市格言：一个好的操盘手是一个没有观点的操盘手。

　　股市里有一些事情是可以预测的，如长期来看，指数总是处于振荡上升的趋势；有一些事情预测成功的概率不高，如股价的短期走势。

　　股市受到政策、经济、资金等多种因素的影响，是一个复杂、不稳定的市场。索罗斯意识到证券市场是不可预测的，就借鉴量子理论的"量子测不准原理"，将创立的基金取名量子基金。

　　好的操盘手不会花大量时间、徒劳地寻找大盘上涨的原因，也不会把自己的观点强加给市场，他们完全顺应市场趋势操作。

　　没有观点表示不预测市场，市场的走向就是最好的观点。

什么是投资高手

人类一思考，上帝就发笑。

——米兰·昆德拉

真正的投资高手具备以下特征：

（1）能够持续、稳定获利；

（2）有很多小赚小亏和少数大赚，绝没有大亏；

（3）从不试图证明自己的观点是正确的；

（4）从不打探消息，也不向别人推荐股票；

（5）不长时间盯盘；

（6）容忍自己会出错；

（7）投资方法非常简单；

（8）无论生活还是投资，遵守规则。

利空是好机会

有些股票遭遇利空后，股价出现最后一跌，随后步入上升趋势，投资者反而获得一个很好的买入机会。

利空是坏消息还是好机会，我们要区别对待：

（1）亏损：主业亏损、行业无好转迹象，若无重组预期，不介入；主业持续增长，因副业异常导致短期亏损，逢低介入。

美国运通公司是一家从事信用卡和旅行支票业务的公司，在高端人群中有较高的市场占有率。1963 年 11 月，运通向爆发豆油丑闻的迪·安杰利斯公司提供信用担保而损失约 6000 万美元，股价从 65 美元跌到 35 美元。巴菲特仔细考察后认为，这起事件对运通的主营业务并没有实质影响，于是大量买入运通股票，一年后，运通股价上升到了 73.5 美元，巴菲特充分利用利空机会大赚一笔。

（2）诉讼：公司涉及官司，如果官司对公司生产经营无实质性影响但股价大跌，可逢低买入。

（3）重组失败：人们通常对公司重组抱有很大期望，如果重组宣告失败，股价会在短期内出现暴跌。这时应理性分析公司债务、大股东等情况，判断是否有可能启动下一次重组，如果希望较大可及时介入。

如图 1 所示：松辽汽车（600715）第一次重组失败后股价大跌，但第二次重组大获成功。

（4）大盘下跌：大盘大幅下跌时，是逢低买进绩优成长股的好机会，如山东黄金（600547），如图 2 所示。

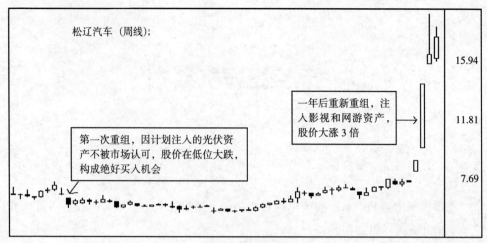

图 1　松辽汽车

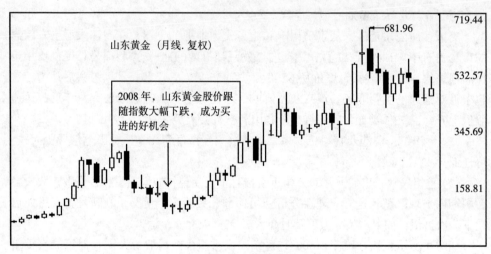

图 2　山东黄金

会休息才会赚钱

许多投资者牛市里赚的钱，熊市又亏回去了，原因是在熊市里不懂得休息。在熊市里，大部分股票股价处于下跌趋势中，如果不甘寂寞抢反弹，输多赢少。

牛市里也要注意休息，要持股不动。牛市里很多股票会大涨，但真正赚到大钱的人很少，原因是过于勤奋，不停地追涨杀跌。牛市里会休息的投资者比频繁换股的投资者收益要好得多。

平时也要学会休息。如果长时间盯盘，情绪会随着行情波动忽上忽下，很容易导致冲动并引发错误操作。不做日内短线的话，只在必要的时候看盘即可。

如果学会了休息，我们就可以牛市里坐等股价上涨，熊市里按兵不动。不急不躁，平时多调研、多学习，为下一波投资做好准备。

集中投资更容易成功

股市格言：不要把所有的鸡蛋都放在一个篮子里。

有一些不可避免的风险因素——误操作、非系统性风险、判断失误等，随时都会给投资者带来巨额损失，因此有必要进行适当分散投资，把鸡蛋分在几个篮子里。资金过于分散、股票太多的话，没有足够精力仔细选股和监督，会出现篮子质量不好、很多篮子掉在地上的情况。最好的办法是适度集中投资，也就是把资金分散在少数几个稳妥的篮子里。

巴菲特对这个问题的看法是："选择少数几种可以在长期拉锯战中产生高于平均收益的股票，然后将你的大部分资金集中在这些股票上，不管股市短期涨跌，坚持持股，稳中取胜。"

适度集中投资，就是做几个结实的篮子。这要求投资者对投资目标有充分了解、对自己的投资方法完全自信时，才可进行交易。

举例：2012 年底，巴菲特股票投资组合情况

表 1 巴菲特股票投资组合

单位：亿美元

富国银行	156	美国合众银行	25
可口可乐	145	赛诺菲—安万特	24
IBM	130	特易购	23
美国运通	87	穆迪	14
沃尔玛	37	康菲石油	14
慕尼黑再保险	36	浦项制铁	13
宝洁	36	DIRECTV	12

2012 年底，巴菲特前十大重仓股占股票资产比例高达 80%，资产主要集中在前五大重仓股，但单个品种比例又不超过 20%，实现了适度集中的资金管理策略。

移动平均线法则

买进信号

（1）当均线从下降转为横盘或上升，而价格从均线下方向上突破均线时，为买进信号。

（2）价格虽跌破均线，但又马上回到均线之上，且均线仍保持上升状态，为买进信号。

（3）价格下跌但没有跌破均线，且立刻反转上升，为买进信号。

（4）价格突然暴跌，跌破且远离均线，则有可能大幅反弹，为买进信号。

卖出信号

（1）当均线从上升转为横盘或下跌，而价格从均线上方向下跌破均线时，为卖出信号。

（2）价格向上突破均线，但又马上回到均线之下，且均线仍保持下降状态，为卖出信号。

（3）价格反弹但没有向上突破均线，且马上反转下跌，为卖出信号。

（4）价格在均线之上连日大涨且远离均线，则有可能回跌，为卖出信号。

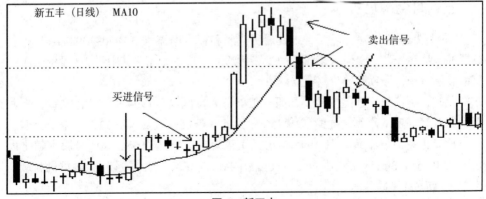

图1　新五丰

金融史上重大危机事件

> 当行情变得热络，每个人都觉得股票还会再涨，我建议赶快卖掉它，否则为时已晚了。

> ——威廉·欧奈尔

1929 年美国经济危机

1924~1929 年，美国股市猛涨，全民疯狂炒股，五年里股市上涨了近 4 倍。但同时，美国经济面临着生产过剩、商品滞销的威胁，机械、钢铁、汽车等支柱产业的生产开始衰退。在股市热潮中，也有少数人保持着清醒的头脑，美国总统肯尼迪的父亲约瑟夫·肯尼迪说：如果连擦鞋匠都在买股票，我就不想再待在里面了。这个明智的选择使他在股市大崩溃中保全了自己的资本。

1929 年 10 月 24 日，历史上著名的"黑色星期四"，股市开始暴跌，短短 30 分钟里，就有 160 万股股票被抛出。10 月 28 日，道琼斯指数狂跌 13%，10 月 29 日，继续大跌 12%，股市彻底崩盘，股民纷纷破产，数以千计的人自杀。从 1929 年 9 月到 1932 年 6 月，股市大跌了 89%，直到 25 年后，股价才恢复到 1929 年的水平。

这次危机造成美国失业率上升到了 25%，银行倒闭、生产停滞、百业凋零，并直接导致了 20 世纪 30 年代全球性的经济大萧条。

墨西哥金融危机

20 世纪 80 年代末，墨西哥出现通货膨胀和资本净流入。1990~1993 年，美国、英国的保险和养老基金流入墨西哥的投资达到了 910 亿美元，其中约 2/3 投资于墨西哥的股票市场，导致股票价格疯涨。

此时，持续外贸逆差导致墨西哥外汇储备大量减少，1994 年 12 月 19 日，墨西哥宣布放弃固定汇率制，比索贬值 15%。因此，外国投资者疯狂抛售比索，抢购美元，比索汇率急剧下跌，到 1995 年初，比索元贬值已达 60%。墨西哥股市随之大跌，到 1995 年 3 月 3 日，墨西哥 IPC 指数跌到 1500 点，比 1994 年金融危机前最高点 2881 点累计下跌 48%。

这次金融危机引起了严重的经济萧条，1995 年墨西哥国民生产总值下降了 7%，25% 的人口面临失业，贫富差距进一步扩大。后来 500 亿美元的国际资本援助到位，墨西哥的金融危机才趋于缓和。

亚洲金融危机

20 世纪 90 年代，亚洲国家较高的经济增长速度给人们带来了大量的财富，但同时也出现了经济过热、外债过高、币值高估的问题。从 1997 年 1 月开始，以乔治·索罗斯为首的国际投机资本开始做空泰国货币——泰铢。经过激烈交锋，在消耗完有限的外汇储备后，1997 年 7 月 2 日，泰国宣布放弃固定汇率制，实行浮动汇率制，从而引发一场遍及东南亚的金融风暴，菲律宾、马来西亚、中国香港、韩国、日本、印度尼西亚先后受到冲击。马西亚总理马哈蒂尔说："这家伙（指索罗斯）来到我们的国家，一夜之间，使我们全国人民十几年的奋斗化为乌有。"

这场金融风暴使亚洲各国的经济陷入衰退。受危机影响，1998 年东南亚各国的经济增长率处于 –0.4%~–0.8%，是 30 年来经济情况最差的一年。

日本金融危机

20 世纪 80 年代，日本实行宽松的货币政策，但大量信贷资金没有进入实体产业，而是通过各种信托方式进入了房地产和股票等非生产领域，催生了巨大的资产泡沫。1985~1989 年，日经指数上涨了近 3 倍，股票总市值超过了美国，而美国 GDP 却是日本的 2 倍。泡沫高峰期，仅东京都的地价就相当于全美国的地价。日资疯狂购买欧美国家资产，有美利坚标志之称的洛克菲勒中心也被日本人买走。

因为担心经济过热，日本央行开始踩刹车、提高利率。1990 年，日经指数下跌超过 40%。因日本商业银行停止了对不动产的贷款，土地价格也开始下跌，资产泡沫终于破裂。这次危机造成日本严重的经济衰退，银行坏账严重，大量企业破产，土地价格回到了泡沫发生前的 1985 年的水平。

俄罗斯金融危机

俄罗斯 1992 年对外开放后，吸引了 237.5 亿美元外资，但是直接投资的外资只占 30% 左右，70% 左右是短期资本投资。截至 1997 年 10 月，外资掌握了 70% 左右的股市交易量和 40% 左右的国债交易额。受亚洲金融危机影响，外资大量抛售股票、撤走资金，股市、债市和汇市纷纷大幅下挫。由于巨额外债到期无法偿还，1998 年 8 月 17 日，俄罗斯宣布债务延期和卢布贬值，于是引发金融危机，卢布汇率暴跌，股市停业。一些商业银行危机前大量借取低利率外债，再兑换为国内高利率的国债，赚取差价，卢布贬值后，国债大跌，这些银行损失巨大。

2008 年美国金融危机

这次金融危机是由房地产泡沫引发的。美国为了刺激内需，让人们更容易买房，设立了房利美、房地美两家房地产贷款公司。在宽松货币政策、资产证券化和金融衍生产品创新速度加快的情况下，"两房"直接持有和担保的按揭贷款和以按揭贷款作抵押的证券由 1990 年的 7400 亿美元暴增到 2007 年底的 4.9 万亿美元，其中含有大量不良信用贷款。许多大型银行因为高收益而不顾风险，积极参与这些金融衍生品的发行和持有，当房地产泡沫破灭后，随着房地产违约事件大量增加，这些金融机构也难逃厄运：

2007 年 4 月 4 日，新世纪金融公司申请破产保护；

2008 年 9 月 7 日，房利美公司和房地美公司被接管；

2008 年 9 月 15 日，美国第四大投资银行雷曼兄弟控股公司申请破产保护；

2008 年 9 月 16 日，美国以 1000 亿美元拯救全球最大保险集团美国国际集团（AIG）；

2008 年 10 月 3 日，美国政府通过高达 7000 亿美元的金融救市方案。

危机发生后，美国实体产业受到巨大打击，股市暴跌。但巴菲特等少数专业投资者却利用下跌机会大量买入优质廉价股票，随着美国经济渡过难关、股市恢复上涨，最终大赚一笔。

股市兵法：不败而后胜

> 具有良好表现的股票一般都以高价出售，而投资者对其未来的预期有可能是错的，非常规的高速增长无法永远持续，完美的扩张意味着重复这一成功将更加困难……在其最热门的时候购入的成长股，会造成灾难性的后果。
>
> ——格雷厄姆

《孙子兵法》曰："先为不可胜，待敌之可胜。不可胜在己，可胜在敌。"意思是：善于用兵作战的人，总是先使自己立于不败之地，然后再寻找战胜敌人的机会。使自己不被战胜，主动权掌握在自己手中；敌人能否被战胜，在于敌人是否给我们可乘之机。

在股票交易中，风险控制永远是最重要的。首先要能保本；其次再寻找赚大钱的机会。能不能保住本钱要看自己的风险控制水平，能不能赚到大钱要看有没有合适的机会。所以，任何交易，首先要运用止损、资金管理等手段保住本钱，同时运用趋势跟踪等方法寻找大概率盈利机会。

举例

美国海特基金 1981 年成立时本金只有 200 万美元，十年后已超过 8 亿美元，基金运作成功的三大戒条是：

（1）任何单一交易，损失不能超过账户净值的 1%。

（2）顺势交易，不做计划外交易。

（3）规避风险，分散投资。

海特基金成功的一个重要原因是强调风险意识，单次损失不超过账户净值的 1% 能有效保住本金，严格顺势交易能带来赚大钱的机会。

巴菲特论止损

止损的目的：规避风险、保住本金、求得生存。

——巴菲特

每个人都有判断失误的时候，股神也不例外。巴菲特在 1990 年的年报上说："如果要在今年的年报上加一个版块：伯克希尔这 25 年所犯的错误，那么我——巴菲特绝对可以贡献很多案例——因为我在从事投资的 25 年里犯下了无数的错误。"

为了使投资者认识到止损的重要性，巴菲特举了一个例子：一个分析准确率在 40%左右的投资者和一个分析准确率在 80%左右的投资者，谁能够在投资中更长久地生存呢？表面看来，后者胜算更大一些，但其实不然。如果不能有效运用止损，不能有效控制风险，后者可能不如前者表现得好。

要注意的是，巴菲特奉行价值投资，采用的是价值投资的止损方法，这一点与技术分析的止损方法明显不同，他说：如果这个股票值得持有，即使下跌 50%也不会卖出止损。

巴菲特的止损原则，概括起来有以下两点：

（1）投资风险过大或不再有投资价值时，果断止损；

（2）出现错误要及时止损，不能连续犯错、连续损失。

筹码集中的误区

一般认为，上市公司股东人数越少、户均持股数越多，说明筹码集中，庄家控盘可能性越大，股价可能会有一波大行情；相反，股东人数越多、户均持股数越少，说明筹码分散，没有大资金运作。

但是，筹码高度集中一段时期后，也极有可能快速走向分散。定期报告中的股东人数与现实有一些时间延迟，当投资者利用这些过时的数据买入时，庄家有可能已经逢高出货了。

因此，底部盘整或刚开始放量上涨的股票，如果筹码高度集中，可以大胆介入；已经大幅炒作过的股票，因庄家有快速出货的强烈愿望，即使筹码高度集中也不能介入。

不确定性与盈利

你要有一套有效的价格预测系统，更重要的是良好的资金管理和风险控制机制。用"分散"而"持久"的眼光对待交易，在投机市场上长期地占有概率优势，而不是孤注一掷。这就是金融交易的全部。

——莱利·海特

潜意识里，我们总认为自己是对的。事实是，我们的看法不会是一贯正确的，市场不会总是按照我们的意愿运行，我们最多只能推算未来涨跌的概率有多大。

如果我们不能控制市场，就不要与市场争执，要让自己的判断服从于市场走势。我们是来赚钱的，不是讨论谁对谁错的。

因为市场走势的不确定性，在遇到大行情前，我们可能会在价格的无序振荡中连续遭遇数次小损失。这些小损失实际上是有益的，我们因此不会错过后面的大行情。大行情来临时，利润会比这些小损失大的多。

赚钱的心态

> 我用行动证明这一点，每次按自己的规则交易都会赚到钱，但只要头脑一发热做出愚蠢的操作时，一定会输钱。我偶尔会让冲动战胜理智，我不是圣人。
>
> ——杰西·利物默

很多人有这样的心态：遇到亏损时，希望马上有反弹，迟迟不止损；出现盈利时，心里充满恐惧，害怕到手的利润转眼就没了，赶紧获利了结。

这样做的后果是，亏损越来越大，盈利却很小，也就是大亏小赚。

如果反过来，亏损时，因害怕亏损扩大而迅速止损；盈利时，因希望扩大利润而持仓观望，这样就会出现大赚小亏的理想结果。

利润翻倍：加仓的艺术

巧妙地运用加仓艺术，可以最大限度扩大利润，加仓有以下法则：

盈利时加仓

有盈利说明交易方向正确，若价格继续保持强势，可顺势加仓，扩大胜利成果；反之，亏钱说明交易方向错了，如果继续加仓，将错上加错，持续扩大亏损。

金字塔式加仓

需要多次加仓时，加仓的规模要逐次减小，这样持仓成本不会过高，当遭遇行情反转时损失也比较小；相反，如果采用倒金字塔式加仓，即价格越高加仓规模越大，当行情反转时，因高位筹码过多，容易大亏，迅速转胜为败。

趋势确认后加仓

盈利后，趋势明显且符合预期才可以加仓。若行情趋势不确定就大规模加仓，亏损的概率很大。

未进场就知道会赢

> 成功的交易者是可以通过训练和学习而成的，这无关乎聪明才智，全在于交易者的方法原则。
>
> ——理查·丹尼斯

要想在充满风险的股市取得成功，则是一个漫长的过程。从一个新手成长为成功的投资大师，必须经过长期的学习和实践，由简入繁、再由繁至简，最终形成一套适合于自己的稳定制胜的操作方法。

如果急于求成，在不知道怎样才能稳定盈利的情况下就盲目投入资金，将会白白交上一大笔学费。

"未进场就知道会赢"，是指已经有了一套成熟的方法和理念，照着做肯定会盈利。"未进场就知道会赢"建立在深透了解市场运行规律、在市场中长期磨炼、对自己和自己的方法极有信心的基础上。当你的投资方法符合客观规律，当你的投资理念科学合理，当你有了大量经验，当你能坚持按规则操作，你就一定会赢。

按照以下步骤，可顺利实现"未进场就知道会赢"：

（1）经过长期学习和测试，建立简单有效的交易方法；

（2）大量模拟交易，在较大范围内考察交易方法的盈利能力；

（3）投入小笔资金实战，训练严格遵守规则的能力；

（4）经过长期训练，对交易系统绝对信任，对所有交易后果都有预料和应对措施，不赢都难。

做股票和做生意

我从来不在我不懂的事情上投入大量的金钱。

——彼得·林奇

不熟不做

巴菲特说过："我们努力回避开那些我们不明白的公司。我在买入之前需要确定未来五年或十年公司的盈利能力。如果剔除掉那些你不能理解的公司，最后，你会发现你需要关注很少一些公司就够了。"

例如，不少人做饭店生意都不成功，主要原因在于只看到了其他饭店顾客盈门、利润丰厚的表象，而对人员配备、采购营销、工商税收、市场竞争等细节却毫无经验，任何一个环节出现问题都有可能拖垮生意。

股票投资也是这样，如果对投资的公司和行业不了解，仅凭传闻和一些研究报告就做出买卖决策，同样是非常危险的。巴菲特获得成功的一个重要原因就是他只做自己熟悉的股票。

低买高卖

每一个生意人都知道低价进货、高价出货的道理。股票交易也要"低买高卖"，即在一个明显趋势中，逢低买进、高位卖出。高位追涨、低位杀跌是赔本生意，万万不可做。

巴菲特投资运通、可口可乐等公司，就是在公司发展前景良好的趋势下，在股价回落时趁机买进，最终大赚的成功案例。

规避风险

任何生意都有风险，有些天灾人祸根本无法避免。买股票时碰到了出乎意料的坏消息或者判断失误，都是无法避免的。为了预防出现重大损失，交易前要做好资金管理和止损计划，以防万一。

用反向操作获利

别人贪婪时你恐惧，别人恐惧时你贪婪。

——巴菲特

股市，永远是一个少数人赚钱、多数人赔钱的地方。这就表示，我们要想成为少数赚钱的人，就必须与大多数人的做法相反。这就是采用反向操作的原因。

富国银行是巴菲特最经典的反向操作案例：2008 年金融危机爆发后，美国股市暴跌，富国银行股价从 44.75 美元跌到 7.80 美元，不到半年下跌近 82%。就在大家对银行股避之唯恐不及时，巴菲特开始大笔增持富国银行股份，使富国银行成为巴菲特第一大重仓股。危机过后，富国银行股价开始回升并创出新高，截至 2014 年 7 月，股价达到了近 60 美元。巴菲特的巨额财富就是这么积累起来的。

最大的交易机会出现在哪里

> 我只是一位机会主义者, 等候机会出现, 在十足信心的情形下才出击。
>
> ——吉姆·罗杰斯

暴跌

如果看好的股票股价太高, 就不妨耐心等待, 当股价暴跌时, 买入机会就来了。1987 年 8~10 月, 美国股市暴跌 36%。第二年, 等到机会的巴菲特开始大量买入可口可乐, 两年内共买入 10 亿美元, 1994 年继续增持后, 总投资达到了 13 亿美元。到 1997 年底, 巴菲特持有的可口可乐股票市值上涨到 133 亿美元, 十年赚了 10 倍。

重组

资产重组能使乌鸦变凤凰, 如 *ST 长运 (600369) 重组为西南证券, 股价从 2.43 元飙升至 21 元, 45 个涨停刷新了此前 *ST 金泰 (600385) 创造的 42 个涨停板的纪录, 如图 1 所示。

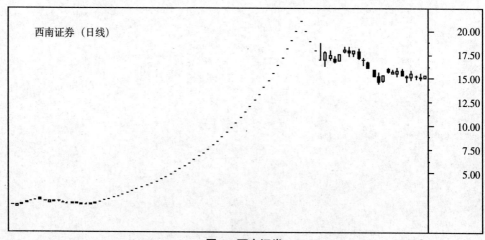

图 1　西南证券

热门行业

互联网兴起后，谷歌、腾讯、百度成为新兴市场领导者，市值翻了几十倍以上；手机智能化使苹果成为全球市值最大的公司。这些引导创新技术和大众消费的行业龙头公司能给投资者带来巨大的收益。

消费热点

家电升级换代热潮中的四川长虹、受益三公消费高的贵州茅台、房地产行业的龙头万科都是在宏观经济向好趋势下涌现的消费行业大牛股，如图 2 和图 3 所示。

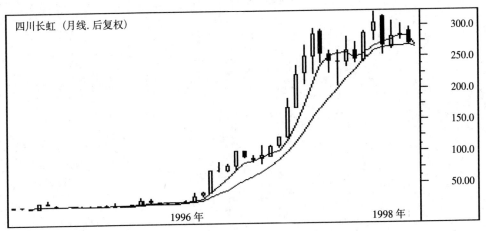

图 2　四川长虹

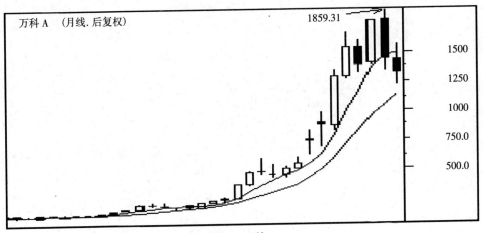

图 3　万科 A

第五部分　炒股注意事项

赌博与投资

> 对我们而言，投资相当于在和一个按注分彩系统对赌，我们寻找那些胜率是50%而赔率是赢3赔1的马匹。你就是在找这种定价失当的赌博，这就是投资的本质。当然，你不得不知道得足够多，以便分辨出哪些赌博是定价失当的，这就是价值投资。
>
> ——芒格

真正的赌博高手既靠运气、更靠牌势，手握好牌时力争大胜，牌风不顺时立刻止损出局。真正的投资高手只打好牌，在行情趋势有利时不断加码，尽力扩张利润；在趋势不利时立即止损，防止损失扩大。

学习炒股应该注意什么

股市格言：千金难买牛回头。

有用的技巧一种就足够

一招鲜，吃遍天。投资技巧不是越多越好，喜欢技术分析的投资者可不考虑基本面因素，喜欢基本面分析的投资者可不考虑技术分析；长期投资不用考虑短期价格波动，短线投机不用考虑长期价格走势。

炒股方法应尽量简单，不能把短线做成长线、长线做成短线，也不能把技术分析中途改为基本面分析、基本面分析中途改为技术分析，频繁更改交易计划是盈利的天敌。

多学、多练

选定交易方法后，要勤学苦练。基本面选股应熟悉企业经营管理；技术面选股要对交易方法反复测试，明白何时有效、何时止损、年收益率多少等，做到心中有数，运用自如。

低买高卖

不管用技术分析还是基本面分析，只有低买高卖才能赚钱，就像巴菲特说的：要有较大的安全边际。

心态平和

选定交易方法后，不要再考虑任何外界噪声，包括各类股评消息和经济形势评论。心中只有自己的交易原则，不急不躁、按部就班可达到自己的理想。

扩充资本

有固定的交易方法，能获得长期正收益后，可运用融资手段扩充自己的资金规模，使投资利润快速膨胀。

靠内幕消息能盈利吗

在我70年的交易生涯中，我按内部消息行事受益了两次，做了按内部消息应做的正相反的事也受益了两次。而不知多少次由于内部消息我损失惨重。

——科斯托兰尼

很多股民认为能从内幕消息中获益。但庄家要赚散户的钱，怎么能轻易让散户知道真正的内幕呢？

靠内幕消息炒股有以下几个难点：

（1）准确性无把握。内幕消息在传递过程中可能失真，庄家也经常散布一些假消息；

（2）消息滞后，当消息发生变化或已经失效时散户不知道；

（3）因不确定性大，长期获利难；

（4）出入市时机无法把握，即使买的准，也不知何时卖。

股市不断重复赚钱经历

历史不会重演，但总会惊人相似。

——马克·吐温

所有的股票分析方法都是建立在过去经验的基础上。技术分析中常用的均线法则，基本面分析中的投资成长股等方法，都是从历史行情中总结出盈利规律，并认为这种规律以后还会重复出现。这种想法是合理的，因为股市总是在波动着，只要找到规律，低买高卖，就能获利。

举例：历史惊人相似，巴菲特多次从股灾中获利

第一次：1974 年 10 月，道琼斯指数从 1000 点跌到 577 点，两年内下跌了近40%。这时，巴菲特开始重仓出手，收购了《华盛顿邮报》12%的 B 股股份，成为该公司第二大股东。虽然这次交易三年内没有盈利，但这笔交易在 34 年内上涨了128 倍。

第二次：1987 年 10 月 19 日美国股市崩溃了。在一片恐怖气氛之下，巴菲特从1988 年开始不断买入可口可乐，这笔交易后来给巴菲特带来了上百亿美元的利润。

第三次：1999 年网络股泡沫破灭后，美国股市一片惨淡。此时，巴菲特又出手了，他连续买进价值低估的中石油 H 股，短短四年里获得了超过 7 倍的收益。

炒股不赚钱原因

成千上万的人有很多闪光的思想，只需将一个付诸行动就足够了。

——安德烈·布殊

使用技术分析不赚钱原因

原因一：炒股方法太复杂。

有些股民潜意识里认为越复杂的方法赚钱效果越好，于是交易时不仅使用多种技术指标，还同时分析日线、周线、分钟线，有时还参考大量基本面信息。这些指标和信息指出的交易方向可能并不一致，投资者在无所适从、犹豫不决中错过一次又一次最好的交易机会。一招鲜，吃遍天，实际上摸透一种方法就足可以盈利了。

原因二：不认真执行规则。

现实中，很少有投资者会一直按照规则交易，大多数人凭一时冲动交易。有时候，不是方法不够好，而是你没有坚持使用。再好的方法，如果不认真执行也毫无作用。

原因三：使用时间过短。

趋势型分析方法在振荡行情里效果不好，短线投机方法在趋势行情里效果不好。每一种方法都是在某个时期效果很好，在其他时期效果不佳。有些投资者稍不如意就更换交易方法，但换来换去效果也不见得更好。我们应该意识到所有交易方法都会有缺陷，只有熟悉并坚持使用一种方法，才能获得长期稳定的收益。

使用基本面分析不赚钱原因

原因一：分析重点不对。

基本面分析时，各种宏观数据、财务指标和企业经营指标繁多复杂，如果一一分析，时间长、效率低，劳而无功。很多大师能快速浏览很多公司报告，是因为他们对现金流、收益增长率、行业内地位等一些关键指标进行分析就足够了。

原因二：对投资目标不熟悉。

如果对投资的企业非常熟悉，就能深入了解企业的真实状况，不会被各种假象所蒙蔽。常言说：不熟不做。只有对企业非常熟悉后才可大胆投资。

原因三：交易价格不好。

虽然企业基本面很好，如果股价大涨后已经反映了未来的业绩，则继续大涨的空间不大。对看好的企业，等待机会逢低介入是较好的投资策略。

习惯定输赢

播下一个行动，收获一种习惯；播下一种习惯，收获一种性格；播下一种性格，收获一种命运。

——詹姆士

好习惯决定了一个人一辈子的财运。股市上成功的人都是具有良好生活习惯、工作习惯的人。

好习惯：交易前认真准备。股市开盘前已做好所有准备工作，包括交易计划、交易软件、资金等。开盘前不做无关事情，确保交易指令及时发出。

坏习惯：交易前不认真准备。不及时达到交易地点，不做交易计划或不断更改计划，股市开盘前做无关事情，交易计划成为废纸。

好习惯：收盘后做好复盘作业，并制定下一次交易计划。

坏习惯：盘后不做计划，开盘前急急忙忙、草率交易。

好习惯：始终坚持按计划交易。

坏习惯：经常临时更改交易计划。

好习惯：交易时只考虑交易规则。

坏习惯：交易时参考成本价。

好习惯：心态平和，不听与交易规则无关的事情。

坏习惯：四处打探消息，听信各种传闻。

好习惯：低买高卖。

坏习惯：追涨杀跌。

好习惯：专心跟踪少数几只股票。

坏习惯：资金不多股票很多。

好习惯：做完交易即不再看盘，轻松又理智。

坏习惯：全天盯盘，疲劳、紧张、易出错。

好习惯：做错了就改，做对了坚持。

坏习惯：错了不改，对了不坚持。

好习惯：挑选赚大钱的机会，交易次数少，收益高。

坏习惯：看中蝇头小利，交易频繁，亏损多。

好习惯：学习知识，磨炼自己，稳步前进。

坏习惯：急躁懒惰，总想一夜暴富。

交易冠军的启示

> 投资者与投机者最实际的区别在于他们对股市运动的态度上，投机者的兴趣主要在参与市场波动并从中获取利润；投资者的兴趣主要在以适当的价格取得和持有适当的股票。
>
> ——格雷厄姆

安德烈·布殊

1987 年，美国加州举行了为期四个月的"美国交易冠军杯"比赛，包括股票、期货和期权，安德烈·布殊四个月里获得了 45 倍的回报。

布殊说："1987 年，92%的投资者向上看，我拼命地沽出我的合约，但是我不敢和任何人说，因为他们会说我疯了。我做了 18 年的记录，发现当 80%的投资者看好某一方向时，70%它会向相反方向走。"

"以我十几年的交易经验来看，最重要的并不是知道该在何时入市，而是知道该在何时不入市。在你应该入市的时候你没能入市，最坏也不过是赚不到钱；然而在你不该入市的时候入市，你肯定会亏本。"

"当我看到图表上周线和日线一个向上、一个向下时，我知道他们是矛盾的：一条线显示该买，一条线显示该卖，这时我不会入市。只有看到两条线都向上时我才会买。"

"常规下，我定下一个入市原则：当 4 周的平均线跌穿了 11 周的平均线时，我就沽售；相反，若 4 周的平均线升穿了 11 周的平均线时，我要买入。"

"你需要三样东西，第一你需要自律；第二你需要更多的自律；第三还是需要更多的自律。如果你没有这个观念，且不能遵照这个原则的话，你将一事无成。"

期货交易冠军周伟交易总结

期货交易冠军周伟的实盘账户从 30 万元起步，一年后达到 223 万元，收益率超过 600%。但是，一年内他的交易总手续费才 5 万元。他的经验对广大股民和期民有极好的参考价值。

以下是他的获奖感言：

中国金融投资网和炒客论坛主办的潜龙出渊——中国金融投资 2008~2009 期货实盘交易精英选拔赛第一赛季"见龙在田"（www.kiiik.com）已于上周成功落下帷幕，经过自己的一点努力和运气，我最终获得了 A 组第一名，很高兴受大赛组委会的邀请来参加此次盛会，并给我提供这次与在座各位交流学习的机会。首先我觉得应该感谢邹淳，没有他一手创办的"炒客论坛"，也就没有大家的相识，今天的济济一堂。当然也得感谢比赛指定交易商东航期货，举办了一届成功的期货实盘交易比赛。

自我介绍一下，我是浙江嘉兴平湖人氏，今年 37 岁，1993 年开始做股票，由于不知道怎么去止损，到 1998 年时候账户里只剩下 5000 元，差不多算爆仓了。为了把股票上亏损的钱赚回来，跟朋友借了 2.5 万元，凑成 3 万元，于 1998 年 3 月开始做期货。一开始做的还是比较顺利的，开户时候是 3 万元，我跟自己说，最多只能亏损 5000 元，账户资金低于 2.5 元就不做了，那时候品种也不多，主要是绿豆，也许是全国市场的投机资金多集中在绿豆上，使得绿豆的行情比较大。也许是我的方法比较适合于绿豆吧，到 1999 年初时候账户资金权益已经超过 10 万元了，我就出金把以前欠的债务全部还掉了，那时候觉得自己是块做期货的料。其实现在想想，1998 年、1999 年之所以盈利不错，主要是因为绿豆趋势行情比较大，做对时赚钱很快，再加上自己在股票市场吃过亏，别人还在死抗时候我已经知道止损了。可惜1999 年底时候，证监委把绿豆停掉了，那时候期货市场上活跃品种只剩下铜和大豆了，我只好把交易重点放到大豆上。由于以前做绿豆时候习惯了重仓交易，止损几次能够通过抓住一波趋势性行情就能弥补了，但大豆的行情没有绿豆大，并且大豆的缺口也远比绿豆多，所以 2000 年以后我的收益就大不如前了。到 2002 年世界杯时候，账户上的资金权益还是只有几万元，几年下来，赚的钱都被自己花掉了，记得 2002 年下半年时候，那一天我是持有大豆多单的，因为按照我的方法来说，大豆应该是多头市场。那天收盘以后大连商品交易所出了一个通知，我感觉这个通知应该是利空的，第二天大豆果然是低开，我就把自己的多单全部平掉并且反手重仓做空了，结果是我几乎空在了最低点，大豆后来就一直涨了上去，三天以后我的第二次爆仓终于来临了。

第二次爆仓以后，我已经没有钱做期货了，也不想再去找朋友借，只好出来找工作，虽然离开了期货市场，但家里的宽带一直没有停，晚上有空时候还经常打开软件来看看当天的行情。我知道我的心还在期货上，迟早要回来的。外面的工作收入虽然不高，但我尽量省着花，想多存一点钱。在外面打了两年工，2004 年奥运会之后，攒下来有 2.5 万元左右，我辞了职，又正式开始了期货交易。这两年我一直在归纳总结自己两次爆仓的原因，第一次爆仓是因为不懂如何止损。第二次爆仓是因为自己自作主张，不按照自己的方法来做单，不遵守纪律，而且还这么重的持仓。

虽然爆了 2 次仓，值得庆幸的是，在 30 岁之前，投资市场上交易员经常会犯的错误（重仓，无止损，不自律），我差不多都已经经历过了。如果以后不想再爆仓，不想再出去做和期货无关的工作，我必须让自己不要再犯这三个错误，并且要不断地完善自己的交易方法以适应这个市场。

在期货交易中，盈利和稳定盈利是两个看似接近但却大相径庭的投资理念，相信在座的每一个期货交易者一定都有过盈利（甚至于短期暴利）的记录，而今天在中国期货市场 20 年的历史上，不知道能长期、稳定盈利的交易者有多少。经过十年多的期货交易，看到身边起起落落的交易者（当然也包括我自己），总是慨叹颇多，追求稳定盈利已经成为我唯一的交易目标，创立适合于自己性格的交易方法并严格执行成为我的唯一交易手段。

我现在的交易方法主要是中线，顺势，轻仓，多品种组合。就我的性格来说，适合于做中线波段交易，当然中线主要是指主动性头寸而言的。如果是被动性头寸，我一般是不持仓过夜的，对就留、错就砍，浮亏的单子马上处理掉，浮盈的单子要留得久一点。我一般通过图形组合和均线跟踪市场价格的主要运行趋势并进行交易，通过跟踪趋势以顺势交易使得亏损止于小额，不做孤注一掷式的交易，任何一笔交易的风险都以不影响整体资金运作为基础。在风险可控情况下，让盈利充分增长坚持以中线顺势交易的投资理念。严格执行交易计划，通过杠杆比率对冲市场风险，立足于能长期稳定地获取并累积市场价差利润。交易品种上来说，我一般喜欢选择那些流动性好，波动性大的品种。现在我主要交易白糖、PTA、菜油、天然橡胶、塑料、棉花、豆油和棕榈油 8 个品种。波涛博士在《证券期货投资计算机化技术分析原理》上曾提到，如果期货交易品种低于 10 个，则达不到风险分散化的目的。一般来说，选择在 10~20 个低相关甚至负相关度品种上以相等数量划分的多品种投资组合，可以分散和降低市场风险，谋求长期稳健的资金增长。目前国内期货市场推出的各品种，考虑到成交量和价格连续性的因素，可供选择的成熟品种不到 10 个，希望以后随着新品种的不断推出，这方面的问题能得到解决。以轻仓和多品种交易来说，主要是为了化解单一头寸的风险，但又增加了交易的机会，在不增加风险的情况下，加大了持仓的比例。

每一位期货交易者在踏进期货市场那一刻，无不希望能够获得巨大成功，然而，如愿者寥寥，抱怨者众多，缺少正确的、适合于自己的方法是人们未能获得成功的重要原因。资金管理是其中的重中之重，在学会采用资金管理方法以前，交易者不过只是一位微不足道的小小投机客，在这里赢钱，在那里输钱。期货交易的获利魔棒可望不可及，只是在各笔交易之间游走，只能捡到一点小钱，却无法积累财富。我觉得资金管理应该包括开仓头寸数量、持仓的资金比例、品种的选择、单边行情中如何加码、资金增加后如何放大头寸、资金减少后如何缩小头寸、有大笔盈利后如何处理、遭遇连续亏损后如何处理，如何在不论交易对错与方向的情况下，仅靠资金管理就能获利。听上去有点像赌博，事实上，期货的资金管理中的确是运用了很多博弈学的原理。

对于趋势交易者来说，扩展利润最重要一个方式是组合多个市场品种以增加机会因素，通过组合多个市场品种同时进行交易，以充分利用资金并降低交易的时间成本，增加单位时间内的机会因素。选择多个市场品种组合的基本原则是各市场品种间为"非相关"，以组合投资的方式来进行机会因素的扩展，实际上相当于增加非相关的市场品种使总体利润在风险恒定的情况下成倍增加，同时规避风险。组合投资规避风险的作用通常被解释为一句俗话："不要将鸡蛋放在一个篮子里"。其对心理风险的规避是最主要的，你交易的某个市场品种的一段时间的交易中必然会产生连续的亏损，但如果在亏损的同时在另一个市场品种中有一笔交易是盈利的（特别是比较大的盈利）话，且知道只要结束该盈利仓位就可以抵消连续亏损所造成的本金损失，那么这种患得患失的心理就会大幅度减轻。

作为投资主体的交易者与作为投资对象的市场是交易的两个基本因素，而风险也主要由交易者的心理风险与市场风险构成。心理风险可以理解为由于错误的心理压力所导致的无法正常执行交易计划的风险，而市场风险可以理解为由于价格的极端波动所带来的风险。可以肯定，无论是什么样的交易类型，这两种风险都会随同仓位的增大而同步增加。在任何的资金管理游戏中都可以发现，无论玩家是否运用正确的资金管理原则，如果仓位过重的话，都会很快"完蛋"。所以为了资金的稳步增长，为了不被1~2次小概率事件重伤，应该奉行轻仓的原则，你在交易中，如果单个品种只占用5%~10%的投资本金，单笔亏损率不超过本金的2%~3%，那么即使你连续遭受几十次的止损，在趋势性行情来临之时，你还是有一定量的本金来继续进行交易！大家有兴趣可以算一下：假如你每次亏损投资本金的2%，即使你连续被市场止损20次，你还是有2/3的投资本金（你就算是世上运气最差的倒霉蛋，连续被市场止损50次，你还是有近40%的投资本金等待趋势性大行情的来临）当然，连续被市场止损20次是小概率事件，连续被市场止损20次趋势性大行情还没有来临那更加是小概率事件，因为你做的不只是一个品种。就拿我前5年的交易记录统计来看，单品种被市场连续止损出场的最高纪录是4次，如果所有交易品种组合在一起的话，也没有超过8次。

我觉得，成功的交易者需要具备这样几个要素：首先愿意承受风险；其次是要具备承认自己错误的勇气；最后是必须能够摆脱情绪波动的影响，不能让前一次败绩影响到以后的交易，否则会重蹈覆辙。每一笔交易都是自行负责，互不干涉，一旦结束就过去了，撇开失败，重整旗鼓，这不是学来的能力，而是生性坚强。从"求知"的立场讲，期货交易是一所"大学校"；从"立品"的角度看，期货交易却是一个"大熔炉"。期货市场充满动感，变幻无穷，对交易者人性的考验、性格的陶冶，那种"高温高压"，相信没有哪种行业能够比得上。选择入市时机，需要耐心捕捉，不容急躁；加码扩大战果，全靠胆识，不能畏缩；及时结算获利，知足才行，太贪婪会误事；看错认赔，全凭当机立断，绝不许患得患失；小反复要固守，依靠的是坚定并非动摇，等等。从某种意义上来说，期货交易的获利，是对我们性格优点的奖赏；反过来说，亏损则是对我们人性弱点的惩罚！

　　经常有朋友问我，明天橡胶会怎么走？我说，我不知道，因为我从不预测市场。可大多时候朋友都很不满意我的回答，其实我是真的不知道橡胶明天会怎么走，我只知道，我每天收盘以后要做的事情就是把所有交易品种的结算价记下来，算一下明天各品种的涨跌停板价，而后做一下第二天的交易计划：如果明天橡胶涨停，我该怎么做；如果明天橡胶跌停，我又该怎么做；如果明天橡胶涨 3%，我该怎么做；如果明天橡胶跌 3%，我又该怎么做等，把所有要交易的品种都制定详细的交易计划，设置好开仓点、平仓点、止损点、止赢点、开仓头寸数量等，对可能遇到的各种情况提前预备应对措施。第二天 8：55 开始，只要带着眼睛和手，像台机器那样照着这些计划实施就可以了。至于明天橡胶到底是涨还是跌，也许只有上帝才知道吧！

用《孙子兵法》炒股

只有经历地狱般的磨炼，才能炼出创造天堂的力量；只有流过血的手指，才能弹出世间的绝唱。

——泰戈尔

先为不可胜

《孙子兵法》曰：昔之善战者，先为不可胜，以待敌之可胜。不可胜在己，可胜在敌。故善战者，能为不可胜，不能使敌之必可胜。故曰：胜可知，而不可为。

意思是说：善于打仗的人，先要做到不被敌人所战胜，同时耐心等待战胜敌人的机会。能不能被敌人战胜，在于自己的防御是否做的足够好；能否战胜敌人，在于敌人是否提供机会给我们。因此，善于打仗的人能保证自己不被敌人战胜，但不能保证敌人一定会被战胜。我们可以谋划胜利，但能否战胜敌人要看是否有合适的机会。

股市上，我们首先要保证自己不会大败——深度套牢或亏光本钱，然后才有资本等待赚大钱的机会。我们做的每一笔交易，可以用资金管理和止损保证自己不大亏，但这笔交易能否赚钱要看市场走势是否跟我们预想的一样，市场走势不是我们所能掌控的。所以，如果一笔交易没有奏效，说明市场没有给我们提供机会，应先保住本钱，再重新寻找攻击的机会。

多算胜

《孙子兵法》曰：夫未战而庙算胜者，得算多也；未战而庙算不胜者，得算少也。多算胜，少算不胜，而况于无算乎！吾以此观之，胜负见矣。

意思是说：未开战前就通过仔细谋划使自己有必胜把握，那么开战后获胜的可能性就比较大；未开战前经过谋划认为自己没有必胜的把握，则开战后获胜的可能性就比较小；如果未开战前没有任何谋划，那么获胜的可能性就非常小了。所以，通过开战前的准备工作，就可以看出开战后胜败如何。

这段话实际上是"未入场就知道会赢"的意思。在实盘交易前，如果通过大量学习和模拟交易，找到了炒股的诀窍，心里有必胜的把握，那么实盘交易中获胜的可能性比较大；如果只通过很少的学习和模拟交易就进入实盘交易，则输多胜少；如果没有经过学习和模拟交易就直接入场，必然大输特输。所以，只要看看交易前你做了哪些准备工作，就知道你会不会盈利了。

知胜有五

《孙子兵法》曰：故知胜有五：知可以战与不可以战者胜，识众寡之用者胜，上下同欲者胜，以虞待不虞者胜，将能而君不御者胜。此五者，知胜之道也。

意思是说获胜有五种情况：明白开战的条件；根据力量对比灵活用兵；全军上下士气高涨；有充分准备；用人不疑。

炒股盈利也要具备五个条件：

（1）按规则交易，不该交易时绝不出手；

（2）做好资金管理，资金要适度集中使用，同时注意规避风险；

（3）保持清醒的头脑、平和的心态；

（4）交易前做好充分的调研；

（5）如果自己的交易方法能够盈利，就不要随意更改。

求之于势

《孙子兵法》曰：故善战者，求之于势，不责于人，故能择人而任势。任势者，其战人也，如转木石。木石之性，安则静，危则动，方则止，圆则行。故善战人之势，如转圆石于千仞之山者，势也。

意思是说：善于打仗的人，会充分创造、利用战场态势，而不是一味依靠人的力量。就像转动木头和石头，把木头和石头放在平坦的地方不会动，放在有坡度的地方就会滚动。方形的木头和石头不能滚动，圆形的就能滚动。因此打仗时要把士兵安排在合适的地方，战斗时就像从高高的山崖上往下滚动圆形的石木，势不可挡。

炒股最重要的就是"势"。一只熊股，你本领再高也很难获利。而抓住大涨的牛股，获利就容易多了。因此，善于炒股的人，会买入强烈上升趋势的股票，很容易大赚一笔。而不分辨趋势或不能跟随趋势前进的人，都很难获胜。

怎样捕捉短线黑马

短线黑马是指快速大涨的强势股。短线黑马股一般有以下特点：

（1）短线黑马通常沿5日均线以60以上角度连续上升；

（2）价升量增（持续涨停除外）；

（3）大都是小盘股；

（4）热点板块的龙头股易出黑马；

（5）一旦上升势头趋缓，考虑逐步出货。

举例：影视热门股——光线传媒

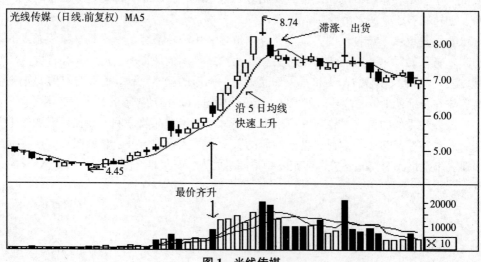

图1　光线传媒

178

炒股的秘密

要做大，就必须一心不二、全力以赴。

——邱永汉

《庄子》中的一个故事：

孔子去楚国，路过一个树林时，看见一个驼背老人正用竿子粘蝉，就像在地上拾取一样容易。

孔子说："先生手真巧啊！怎么做到的呢?"驼背老人说："我有我的办法。先经过五六个月的练习，在竿头叠放 2 个丸子而不坠落，就很少失手了；叠放 3 个丸子而不坠落，失手的情况 10 次中不会超过 1 次；叠放 5 个丸子而不坠落，就会像在地面上拾取一样容易了。我站立身子，就像地上的断木，举竿的手臂，就像枯木的树枝；虽然天地很大，万物很多，但我只注意蝉的翅膀，从不思前想后左顾右盼，也绝不让其他物体干扰对蝉翼的注意，怎么能不成功呢！"

孔子听后对弟子们说："这位驼背老人成功的诀窍就是高度专注！"

简评：炒股的秘密就是像驼背老人那样：先练好本领，然后把所有精力集中在目标上。

怎样捕捉市场热点

股市每年都会有几次大的热点行情和不计其数的小行情，熊市也不例外。这些热点行情提供了收益快速翻倍的机会，只要抓住其中1~2个，年收益就非常可观。

捕捉市场热点，注意把握以下两点。

个股热点

个股热点因股票基本面出现重大变化而引发。如浪潮信息，受益于计算机产品国产化导致股价大涨（见图1）。捕捉个股热点时要注意：

（1）买入大幅炒作过的股票要谨慎，有些庄家会借利好出货；

（2）庄家炒作通常需要大盘配合，大盘大跌时追涨要谨慎；

（3）快速上涨后，股价将剧烈振荡，随时做好止损和止盈准备。

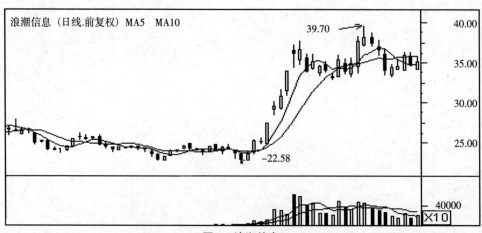

图1　浪潮信息

板块热点

热门板块往往有多只股票同时上涨，比较容易操作。捕捉热点板块要注意：

（1）国家政策层面的板块热点不要错过，如 2013 年的上海自贸区概念；

（2）符合消费潮流的热点不要错过，如手游、智能手机；

（3）热点板块中首选龙头股，如自贸区概念的外高桥；

（4）个股当前业绩不重要，长期看未来的成长空间，短期以上升势头为主，不要以业绩排名的方式筛选热点股票。

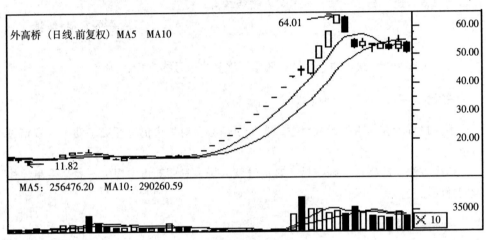

图 2　外高桥

寻找热点的方法

（1）阅览证券报刊和网站，了解有可能形成热点的国家政策和个股新闻，按重要程度筛选出板块和个股。

（2）平时经常阅读商业、财经、科技新闻和社会消费信息，及时把握消费动向和重大企业信息，增强捕捉热点股票的能力。

牛市最怕什么

> 投资人的致命错误有两个，买在高点是一大错误，第二个错误则是卖在低点。既然错了一次，就不该再错第二次。
>
> ——安东尼·波顿

大盘牛气冲天，最怕空仓、持有股票不涨和牛市亏损。

空仓

不少投资者在熊市中屡战屡败，丧失了信心，对牛市仍持怀疑态度，导致错过行情。

解决方法：严格按规则交易，有信号就入场。只要熊市中损失不大，牛市很快就能赚回。

持有股票不涨

牛市中热点此起彼伏、牛股频出，如果持有的股票不涨，就浪费了大好行情。

解决方法：

（1）激进型投资者重点买强势股、热门股、龙头股；

（2）稳健型投资者买指数型基金，收益与大盘涨幅类似。

牛市亏损

牛市亏损通常出现在踏错节奏的短线投机者身上。一波大牛市往往包含数个小波浪，如果每次都买在小波浪的顶部、卖在小波浪的底部，就出现了亏损。

解决方法：

（1）完善炒股方法，准确把握买卖时机；

（2）牛市不做短线，中长线持有。

熊市最怕什么

　　某只股票比以前便宜不能成为买进的理由，同样仅仅因为它比以前贵就卖掉也不是理性的方式。

——彼得·林奇

熊市最怕两点：一是抢反弹，二是不止损。

抢反弹

　　熊市的特点是价格不断创新低，其间会有数次小反弹，从这些小反弹中牟利非常困难，如果连续失误几次，有可能把牛市中获得的利润全都赔进去。如图1所示。

　　解决方法：顺势交易，不抢小反弹。

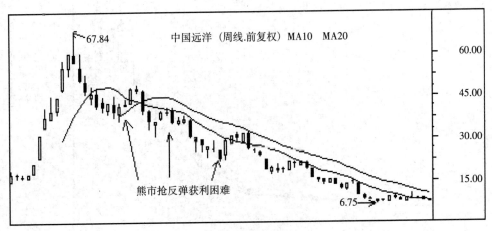

图1　中国远洋

不止损

　　熊市中股价一波比一波低，如果被套牢，面对的将是漫长的等待和不断缩水的资金，如果碰到大亏，很可能导致本钱所剩无几。

　　解决方法：入市前设定明确的止损位置，到达止损位置后马上止损。

熊市如何买牛股

熊市中，大部分股票随大盘下跌，也有小部分业绩高增长的股票会逆势上涨，成为熊市中资金追捧的牛股。

举例

贵州茅台，因业绩高增长，2004 年股价开始持续上涨，而大盘直到 2006 年才正式走出熊市，如图 1 所示。

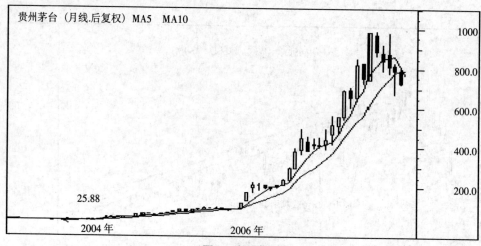

图 1　贵州茅台

什么样的股票会大涨

抓住大涨的股票能使资金很快增值几倍、几十倍。大涨的股票一般有以下几种。

热点股

如 2013 年热门的手游概念股中青宝，如图 1 所示。

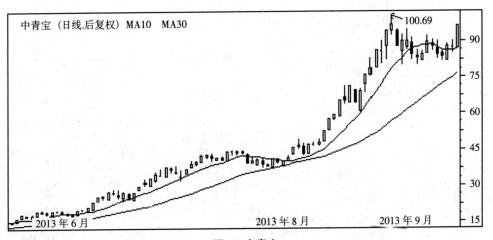

图 1　中青宝

资产重组股

如军工概念重组股成飞集成，如图 2 所示。

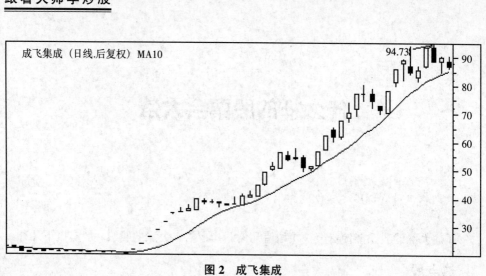

图2　成飞集成

绩优成长股

如业绩连年增长的云南白药，如图3所示。

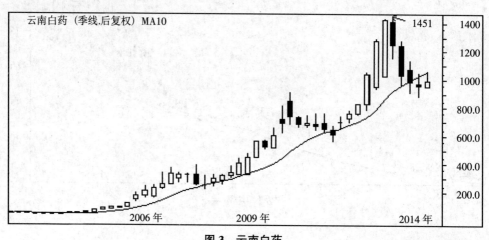

图3　云南白药

简评：要成功捕捉大涨股，必须要有足够的耐心：抓热点股，需要耐心跟踪每一个股市热点，最终等到大涨的机会；捕捉重组股，买入后要耐心等待重组时刻的到来；投资成长股，要耐心跟随企业一同成长。有耐心的人才能赚大钱！

简单又赚钱的方法

> 40 年的职业生涯里，只有 12 个投资决策，使我拥有现在的地位。
>
> ——巴菲特

陶布是英国著名的基金经理，他说：投资非常简单，把英国可以做到世界上最好的那些企业一网打尽就行了。英国哪些企业是做到世界最好的呢？第一，"555"香烟；第二，苏格兰威士忌；第三，联合利华；第四，希思罗机场；第五，保诚保险公司。我的投资组合非常简单，就是把这些东西变成一个投资组合。效果相当好，25 年翻了 54 倍！为什么？因为这些好企业越长越大。

投资大师给大家的忠告

> 不管选用何种原则，一旦确定下来，就要坚持不懈。
>
> ——利奥·梅拉梅德

止损

威廉·江恩：大多数人在股市中输钱主要有三个原因：过度交易或买卖过于频繁；没有止损；不了解市场。

威廉·欧奈尔：放手让亏损继续扩大，这几乎是所有投资人都可能犯下的最大亏损。

罗伊·纽伯格：不接受亏损现实，就等待灭亡；接受亏损现实，便是立即止损。

伯妮斯·科恩：你永远不要犯同样的错误，因为还有好多其他错误你完全可以尝试！

乔治·索罗斯：错误并不可耻，可耻的是错误已经显而易见了却还不去修正！

沃伦·巴菲特：投资人并不需要做对很多事情，重要的是要能不犯重大的过错。

胡立阳：经验告诉我们，只要你手中有严重套牢的个股，便会扰乱了未来整个投资的脚步。如果手中有一些套牢股，不管是多少钱买的，我建议立刻全部卖光光。如此一来，恭喜，你已经解套了。请相信，解套的秘方只有一个，那就是卖掉它。

杰西·利物默：不管交易者多么有经验，他犯错作出亏损交易的可能性总是存在的，所以止损的代价就像给自己的投机生涯上了一份保险一样，因为投机不可能百分百安全。

资金管理

乔治·索罗斯：承担风险，无可指责，但同时记住千万不能孤注一掷！

彼得·林奇：如果你投资 1000 美元于 1 只股票，你最多损失 1000 美元，而且如果你有耐心的话，你还有等到赚 10000 美元的机会。一般人可以集中投资于几个好的公司，基金管理人却不得不分散投资。股票的只数太多，你就会失去集中的优势，几只大赚的股票就足以使投资生涯有价值了。

沃伦·巴菲特：如果你对投资略知一二并能了解企业的经营情况，那么选 5~10 家价格合理且具长期竞争优势的公司。

艾尔德：资金管理的目标是通过减少失败交易中的亏损和最大化获胜交易中的收益来累积资金。

伯纳德·巴鲁克：仅持有几只可以持续关注的证券。

独立自主

罗伊·纽伯格：投资的成功是建立在已有的知识和经验基础上的!

伯纳德·巴鲁克：我在华尔街做交易的时间越长，越不相信各种各样的小道消息和内部信息。

吉姆·罗杰斯：如果你从上市公司总裁那里得到内幕消息，你的钱可能要亏掉一半；如果你从上市公司董事长那里得到内幕消息，那你的钱就全没了。

彼得·林奇：个股大涨或暴跌背后总有某种理由，那种信息是可以明显找出来的，而且经常是充足的。

罗伯特·清崎：如果你想变富，你需要思考，独立思考而不是盲从他人。我认为，富人最大的一项资产就是他们的思考方式与别人不同。

安得烈·科斯托兰尼：当同事、朋友、媒体和专家都建议卖掉股票时，采取和这些看法相反的做法，是非常困难的事，尤其对没有经验的投资者而言，更难。

持股

杰拉尔德·勒布：长时间的拥有 1 只股票是不可思议的事情。

威廉·欧奈尔：经验显示，市场自己会说话，市场永远是对的，凡是轻视市场能力的人，终究会吃亏的!

彼得·林奇：投资成功的关键——耐力胜过头脑。不论你使用什么方法选股或挑选股票投资基金，最终的成功与否取决于一种能力，即不理睬环境的压力而坚持到投资成功的能力；决定选股人命运的不是头脑而是耐力。敏感的投资者，不管他多么的聪明，往往经受不住命运不经意的打击，而被赶出市场。

彼得·林奇：公司经营的成功往往几个月甚至几年都和它的股票的成功不同步。从长远看，它们百分之百相关。这种不一致才是赚钱的关键，耐心和拥有成功的公司，终将得到厚报。

沃伦·巴菲特：在其他人都下了投资的地方去投资，你是不会发财的。如果你没有持有一只股票十年的准备，那么连十分钟都不要持有这只股票。

沃伦·巴菲特：如果我们有坚定的长期投资期望，那么短期的价格波动对我们来说就毫无意义，除非它们能够让我们有机会以更便宜的价格增加股份。

交易规则

伯妮斯·科恩：耐心等待确定信号的出现，避免高风险的模糊不清的盲目投资！

伯妮斯·科恩：始终遵守你自己的投资计划的规则，这将加强良好的自我控制！

沃伦·巴菲特：如果开始就成功，就不要另觅他途。

沃伦·巴菲特：我只做我完全明白的事。

安德烈·科斯托兰尼：中短期走势与心理因素有关，即随大势。对长期走势而言，心理因素不再重要，而在于股票本身的基本因素和盈利能力。

斯坦利·克罗：作为中长线的投资者来说，使用的应该是长期的分析工具——周线图、月线图和季线图，还有一套侧重于长期的良好技术分析系统，如移动平均线，以及必备的耐性。

杰西·利物默：如果我能坚持自己的规则，10 次交易中至少有 7 次能赢钱。可事实上，让我输钱的还是自己的意志不够坚定。

选股

威廉·欧奈尔：股市赢家法则是，不买落后股，不买平庸股，全心全力锁定领导股！

威廉·欧奈尔：主流的股票，常能涨得惊天动地，但其他平庸个股，连一丝涟漪都不会起！

威廉·欧奈尔：不要懵懵懂懂的随意买股票，要在投资前扎实地做一些功课，才能成功！

乔治·索罗斯：选择一个行业的股票时，要选两家，但不是随便找两家，应选一家最好的和一家最差的！

彼得·林奇：不进行研究的投资，就像打扑克从不看牌一样，必然失败！

江恩：顺应趋势，花全部的时间研究市场的正确趋势，如果保持一致，利润就会滚滚而来！

沃伦·巴菲特：我们的投资仅集中在几家杰出的公司身上，我们是集中投资者。

本杰明·格雷厄姆：以短期的眼光看，股市是一个投票箱；以长期的眼光看，股市是一个称重机。

本杰明·格雷厄姆：股票价格低于实质价值，即是存有"安全边际"，建议投资人将精力用于辨认价格被低估的股票，而不管整个大盘的表现。

沃伦·巴菲特：从不购买价格并不明显低于公司价值的股票。没有公式能判定股票的真正价值，唯一方法是彻底了解这家公司。

沃伦·巴菲特：我从事投资的时候，主要观察一家公司的全貌，而大多数的投资人只盯着它的股价。投资人总想要买进太多的股票，却不愿意耐心等待一家真正值得投资的好公司。

沃伦·巴菲特：通过定期投资于指数基金，那些门外汉投资者都可以获得超过多数专业投资大师的业绩！

安东尼·波顿：尝试识别出当下被人忽视却能在未来重新获得利益的股票。股市的眼光不够长远，因此，有时像下象棋一样，只要你比别人看得稍远一点就能取得优势。

威廉·欧奈尔：一旦大盘结束调整，最先向上反弹回升并创出新高的股票，几乎可以肯定就是领先股。

买卖时机

乔治·索罗斯：股票价格距真正的价值很远，这就创造了赚钱的良机。

乔治·索罗斯：凡事总有盛极而衰的时候，大好之后便是大坏，要点在于找出转折点。

吉姆·罗杰斯：买其所值，卖其疯狂。我的忠告就是绝不赔钱，做自己熟悉的事，等到发现大好机会才投钱下去。

米瑟拉·雷克莱：在股市投资中，买进和卖出的时机把握比买卖何种股票重要！

沃伦·巴菲特：投资人总是习惯性地厌恶对他们最有利的市场，而对那些不易获利的市场却情有独钟，而且极有兴趣。在潜在意识中，投资人很不喜欢拥有那些股价下跌的股票，却对那些一路上涨的股票非常着迷。高价买进低价卖出当然赚不到钱。

罗杰·默里：当股票价格跌得很低时，即使认为是投机的证券也具备了投资的性质，因为用他们的话说，你支付的价格，已经可以为你提供巨大的安全余地。

沃伦·巴菲特：当一些大企业暂时出现危机或股市下跌，出现有利可图的交易价格时，应该毫不犹豫地买进它们的股票。

沃伦·巴菲特：当原本不关注股市的人纷纷大谈股票并跃跃欲试时，股市必跌；当多数人都对股市不抱希望且怨声载道时，就是进场的大好时机。

沃伦·巴菲特：假设自己手中只有一张可打 20 个洞的投资决策卡。每作一次投资，就在卡片上打一个洞。相对地，能做投资决定的次数也就减少一次。假如投资人真受到这样的限制，他们就会耐心地等待绝佳的投资机会出现，而不会轻率地作决定。

胡立阳：卖股票的理由一定是要"这只股票展望不佳"，或是"这只股票表现太差"。千万不能用"已经有赚了"来作为卖出的理由。

张松允：利多不涨先砍，利空不跌先买。

理查德·罗兹：要有耐心，如果错过一个交易机会，等待回调时介入。

杰西·利物默：我的经验是，如果我不是在接近某个趋势的开始点才进场交易，我就绝不会从这个趋势中获取多少利润。

学习与投资

朱尔：股票市场是有经验的人获得更多金钱，有金钱的人获得更多经验的地方！

俾斯麦：每个笨蛋都会从自己的教训中吸取经验，聪明人则从别人的经验中获得。

罗伯特·清崎：我小的时候，一直学的是如何投资，而大部分人去上学，学的是毕业以后怎么找到好的工作。

罗伊·纽伯格：投资的成功是建立在已有的知识和经验基础上的！

彼得·林奇：我从来不在我不懂的事情上投入大量的金钱。

彼得·林奇：不进行研究的投资，就像打扑克从不看牌一样，必然失败！

兰迪·麦克：成功的交易员可以有不同的性格，但有一点却是共同的：他们都找到了适合自己性格的交易策略。

吉姆·罗杰斯：我并不觉得自己聪明，但我确实非常、非常、非常勤奋地工作。如果你能非常努力地工作，也很热爱自己的工作，就有成功的可能。

沃伦·巴菲特：我认为投资专业的学生只需要两门教授得当的课：如何评估一家公司，以及如何考虑市场价格。

安德烈·科斯托兰尼：任何学校都教不出投机家，因为投机家的工具，除了经验外，还是经验。

邱永汉：捉住成功者的重点彻底地模仿，也是一项成功法则。

消息与预测

彼得·林奇：市场投机者试图对股价的短期波动进行预测，希望获取快速的利润。极少有人能以这种方式赚钱。实际上，任何人如果能够连续地预测市场，他或她的名字早就列入世界首富排行榜，排在亿万富翁巴菲特和比尔·盖茨之上。

彼得·林奇：不要妄想预测一年或两年后的股市走势，那是根本不可能的。

江恩：顺应趋势，花全部的时间研究市场的正确趋势，如果保持一致，利润就会滚滚而来！

沃伦·巴菲特：一个百万富翁破产的最好方法之一就是听小道消息并据此买卖股票。我从来没有见过能够预测市场走势的人。

本杰明·格雷厄姆：如果说我在华尔街60多年的经验中发现过什么的话，那就是没有人能成功地预测股市变化。

安德烈·科斯托兰尼：不要相信别人的意见，那是你的赌局不是他们的。做你自己的分析不管其他的信息来源。

风险控制

沃伦·巴菲特：风险来自你不知道自己正在做么！

沃伦·巴菲特：架设桥梁时，你坚持载重量为 3 万磅，但你只准许 1 万磅的卡车穿梭其间。相同的原则也适用于投资领域。

沃伦·巴菲特：如果我们不能在自己有信心的范围内找到需要的，我们不会扩大范围。我们只会等待。

伯纳德·巴鲁克：如果投机家有 50% 的选择是正确的，那他就是很幸运了。假如他意识到自己的错误，并能及时止损的话，即使只有 30%~40% 的选择是正确的，他也有机会给自己创造足够的财富。

胡立阳：在众多投资悲剧中，"盲目追高价"永远是排名第一的祸首。

伯纳德·巴鲁克：坚守自己最熟悉的领域。

心理控制

乔治·索罗斯：如果你没有做好承受痛苦的准备，那就离开吧，别指望会成为常胜将军，要想成功，必须冷酷！

费瑟：股票市场最惹人发笑的事情是，每一个同时买和同时卖的人都会自认为自己比对方聪明！

罗伯特·清崎：要想做一个成功的投资者或者企业主，你必须在情感上对赚钱和赔钱漠不关心，赚钱和赔钱只是游戏的一个部分。

沃伦·巴菲特：我们欢迎市场下跌，因为它使我们能以新的、令人感到恐慌的便宜价格拣到更多的股票。

彼得·林奇：一个钟情于计算、沉迷于资产负债表而不能自拔的投资者，多半不能成功。

杰西·利物默：很少有人能够在期货市场上成功，因为他们缺少耐心。他们急功近利，总想一夜暴富。

安东尼·波顿：忘记你购买股票时的价格。

布鲁斯·柯夫纳：成功者坚强、独立，想法与众不同。

大师每年赚多少

> 如果一个人操作稳健而又不贪图暴利，那么在一段时间里积累一笔财富还是容易的。
>
> ——江恩

大多数交易者都希望在短时间内获取暴利，但抓住一只快速暴涨的股票不仅需要技巧，也需要运气。长期来看，短线投机者的收益并不出众。要想取得长期成功，不妨看看大师们是怎么做的：

（1）威廉·江恩：可以期待的盈利定在 25%的年复利比较合适。

（2）本杰明·格雷厄姆：创立的 GEICO 基金 24 年增长了 80 倍，年均复利增长20%左右。

（3）沃伦·巴菲特：1965~2006 年，伯克希尔公司 42 年里净资产年均增长 21%。

（4）彼得·林奇：1977~1990 年，麦哲伦基金 13 年里从 2000 万美元增长至 140亿美元，年均复利增长 29%。

（5）乔治·索罗斯：70 年代初成立量子基金，年均复利 20%多。

怎样才能成为世界头等投资大师？如果能做到年均复利增长 30%以上，就能超过所有投资大师。

因此，短期暴利不能持久，依靠复利的魔力、持续稳定的增长才是炒股成功的诀窍。

巴菲特——一个很大的教训

> 交易者必须具备强烈的耐心和纪律。只要市场走势仍对自己有利，或在技术系统没有显现反转的讯号之前，交易者必须很有耐心和严守纪律，抱紧仓位。
>
> ——斯坦利·克罗

1951 年，GEICO 保险公司的业绩快速增长，年轻的巴菲特投资 1 万美元买进 GEICO 股票，第二年，赚了 50% 后全部卖出。但 20 年后，这些股票的市值增长到 130 万美元。巴菲特错失了一只大牛股。

"这给了我一个很大的教训，就是绝对不能卖出一家显而易见的卓越公司的股票。"巴菲特总结经验说。

心态影响盈利

有的投资者对交易过程和交易结果非常在意，造成患得患失的复杂心态，错失很多好机会。如果简化心态，以简单、果断的原则处理交易，往往能取得更好的结果。使心态变复杂的原因有：

（1）冒过大风险；

（2）股票仓位太重；

（3）不服输；

（4）想证明自己比别人强；

（5）设定盈利目标；

（6）向别人推荐股票；

（7）接收过多信息；

（8）想做到最好；

（9）靠股票赚钱生活。

其实，简单的跟踪大势就能获得不错的收益。只要放弃杂念，一心跟着市场走，盈利就容易了。

交易陷入困境怎么办

交易者常常陷入迟迟不能盈利、股票套牢的困境，陷入困境后要马上设法摆脱，具体做法如下：

（1）停止新交易，平仓亏损的股票，放松心态。

（2）检查近期交割单，总结最大利润、最大亏损来自哪些交易。

（3）牢记亏损原因，找到解决办法。

（4）开始新的交易，专心使用经常盈利的方法，注意不要重犯以前的错误。

（5）如果遇到新的困境，按上述步骤重复一遍。

陷入困境怎么办？索罗斯的回答是："抛售、退出。了解自己的错误，研究自己的错误，改正自己的错误。"

分时图短线买入技巧

圆弧底放量突破买入

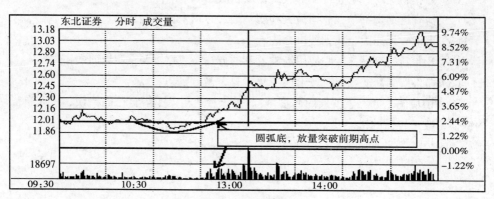

图1 东北证券

W底放量突破买入

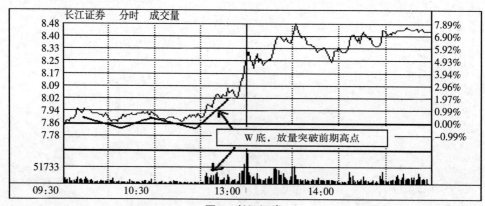

图2 长江证券

198

V 形反转

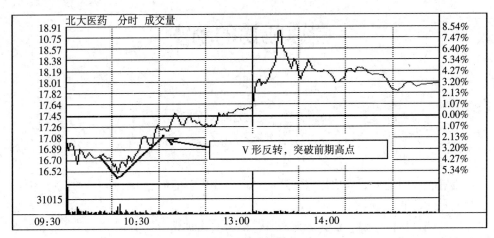

北大医药　分时　成交量

V 形反转，突破前期高点

图 3　北大医药

注意事项

图 1 至图 3 为常见的买入形态，还有其他一些图形也可作为买入依据，投资者平时多练习，熟练运用后成功概率更高。

快速成功的秘密

投资大师们是怎么成功的呢？其实，在寻找成功的征途中，所有大师都离不开良师益友的帮助。

巴菲特拜格雷厄姆、费雪为师，与芒格为友，终成一代投资大师；索罗斯与罗杰斯合作，量子基金获得了巨大成功；丹尼斯组织"海龟"操盘手培训班，复制成功交易手段，海龟们成绩优异，最成功的一名海龟四年赚了3100万美元。

近墨者黑，近朱者赤。如果日常接触的都是不赚钱的人，不仅学不到真本领，还会在追涨杀跌、打听小道消息、夸夸其谈的错误道路上越走越远。

快速成功的秘密，就是与成功人士为伍，拜成功人士为师，远离不成功人群。

请记住：站在巨人的肩膀上，才最有可能达到巨人的高度。

卖油翁与炒股高手

> 如果你一生中找到三个杰出的企业，你就会变得非常富裕。
>
> ——巴菲特

卖油翁的故事

北宋时期有个人叫陈尧咨，射箭水平很高。一天，他在训练场上练习射箭，箭箭射中靶心，大家都赞扬他的水平高，他也感到非常骄傲。但是人群中有个卖油翁只是淡淡地点点头，并不特别惊讶，这使得他很不高兴。

于是，他把问卖油翁："你也懂得射箭吗？我的水平难道不高吗？" 卖油翁没有回答，而是把一个葫芦放在地上，把一枚铜钱放在葫芦口，然后从大油壶里舀起一勺油，从高处往葫芦里倒。只见那油就像线一样从铜钱中间的小孔里流下去，一滴都没有漏出来。围观者都惊呆了，卖油翁却说："没有什么，只不过熟练罢了。"

简评：卖油翁天天倒油，长期练习才能获得高超技艺，如果今天卖油，明天卖炭，后天卖雨伞，还会有如此神技吗？如果炒股时，今天用一个方法，明天用另一个方法，还能练出盈利神技吗？

怎样理性看待预测

我想你们都能非常肯定，未来十年中有些年份的大市将上涨 20%或是 25%，还有几年的大市会出现同样程度的跌幅，但大多数年份的市场表现会介于两者之间。至于这些情况会以怎样的顺序出现，我没有任何概念，而且我认为这对于长期投资者而言没有什么重要意义。

——巴菲特

在 1974 年的糖期货交易中，理查·丹尼斯认为每磅 60 美分到顶了，于是做空糖，糖价升到 66 美分后果然一路下跌到 13 美分，丹尼斯大获全胜。接着他在 10 美分附近抄底，结果屡抄屡败，最后抄底赔的钱超过了前面赚的。因此，理查·丹尼斯说：自以为是的抄底、摸顶都是非常危险的。

喜欢预测市场走向的人，有些是希望走在市场前面，有些是喜欢自我表现，还有些是把预测市场作为职业。

而功成名就的投资大师们，都没有精准预测市场的本事。尊重现实、坚持原则是他们共同的特点。

实际上，预测只是一种假设，并不能代表市场真正的走向，而预测错了不立即改正是投资失败的重要原因。

即使预测准确，如果执行力不够，仍然不能保证成功。例如，1998 年俄罗斯金融危机前，索罗斯预言做空卢布的时候到了，但量子基金并没有及时转向空头，结果危机爆发后亏损了 30 亿美元。

索罗斯与英国"黑色星期三"

> 在运气，或者一个关键决定的背后，必须有精心的准备和训练有素的实力作保证。一个人必须有实力和声望，机会才会敲他的门。一个人必须有手段、判断力和决心来利用这些机会。
>
> ——格雷厄姆

1990年，英国加入欧洲汇率体系后，索罗斯认为，衰退的英国经济无法维持1英镑兑换2.95马克的汇率水平，于是开始做空英镑的两个行动：

（1）抛售70亿美元的英镑，买入60亿马克。

（2）索罗斯认为，一个国家货币的贬值（升值）通常会导致该国股市的上涨（下跌），于是购入5亿美元的英国股票，同时卖空德国股票。

英国政府也动用各种手段捍卫英镑，但惨遭失败，被迫于1992年9月15日宣布退出欧洲汇率体系，这一天成为英国人的"黑色星期三"。索罗斯赢得了最后胜利，仅在英镑卖空交易中就获利10亿美元，《经济学人》杂志称他为"打垮了英格兰银行的人"。

简评：索罗斯获胜的背后，是充实的知识、丰富的经验、充足的资金和果敢的行动在支持。只有把每个方面都做到好，才能完成一项伟大的事业。

第六部分 怎样成为投资高手

投资高手需要高智商吗

对于一个投资者来说，最重要的素质是他的性格，而非智力。你不必在该行业拥有很高的智商。你需要的是不受公众好恶左右而能自得其乐的这样一种气质，你知道你是对的，这并非是因为其他人所处的地位，而是因为你拥有的事实和推理是正确的。

——巴菲特

科学家牛顿做科学研究时足够聪明，但炒股票仍然血本无归，那是因为他不了解股票，以前的知识根本用不上。所以，投资者以前的职业不重要，只有对股票市场运行规律非常熟悉的人才能成为投资高手。

投资高手炒股的目的是赚钱，而不是证明自己有多么聪明。赚钱不需要高智商，只需要理智，有时候越笨的方法反而盈利更多，耍小聪明赚不到大钱。

投资高手的境界

马祖道一的得意弟子大珠慧海问马祖："如何修行？"马祖答曰："饥来吃饭，困来睡觉。"大珠慧海问："人不都是这样吗？"马祖答曰，普通人吃饭睡觉不是修行，因为他们吃饭的时候在想着一千个心事，睡觉的梦里在纠缠着一万个结。

（1）投资高手用最简单的方法投资，拒绝复杂化。

（2）投资高手认真做好资金管理和风险控制，低风险高收益。

（3）投资高手磨刀不误砍柴工，做好充分准备后才入市。

（4）投资高手使用熟悉的方法投资熟悉的东西，不熟不做。

（5）投资高手坚持交易原则，绝不临时改变交易计划。

（6）投资高手不挑战自己的智商，对交易计划以外的事情不关心。

（7）投资高手有足够的时间休息，不盯盘、不做劳而无功的事情。

（8）投资高手知道市场走势无法精准预测，不谈股、不荐股。

（9）投资高手不主观臆断，顺势而为。

（10）投资高手不在乎一时得失，只要事情做对，财富自会滚滚而来。

100 亿美元！史上最挣钱 PE 投资

> 投资的秘诀就是在价格远远低于内在价值时投资，并且相信市场趋势会回升。
>
> ——格雷厄姆

2009 年 1 月 9 日，荷兰化工巨头利安德巴塞尔工业公司因全球经济危机爆发、产品销售不畅，申请了破产保护。不久，阿波罗全球管理公司和亿万富豪布拉瓦尼克等人注资几十亿美元挽救了利安德巴塞尔工业公司。2010 年后，由于市场复苏，利安德巴塞尔工业公司效益好转，股价在四年里上升了 500%。当初危机时买入的投资者都大举获利，亿万富豪布拉瓦尼克持有的股票市值超过 100 亿美元，其中 80 亿美元是利润，《福布斯》杂志认为，这是有史以来个人从单笔投资中获得的最大利润。2013 年 11 月，阿波罗全球管理公司将利安德巴塞尔工业公司的股票分批出售，该公司当初投资的 20 亿美元变成了 120 亿美元，净赚 100 亿美元！

简评：又一个从市场大跌中获巨利的例子。

阅读公告轻松获利

> 投资者成功与否，是与他是否真正了解这项投资的程度成正比的。
>
> ——巴菲特

股市经常提供各种赚大钱的机会，比如，研究上市公司公告就能发现很多轻松赚钱的机会：

举例：上汽集团（600104）

2008 年初，上海汽车 63 亿可转债和 2.268 亿份认股权证开始上市交易，认股权证规定：到 2009 年末，权证持有者可行权以 26.91 元买入上汽股票，上海汽车将把行权后募集的资金用于自主品牌建设二期、乘用车收购兼并等项目，上海汽车要想募集到这几十亿元资金，就必须保证股价高于 26.91 元。可是，不久后上海汽车股价却跌到了 5 元左右，按此价位买入安全边际非常大。2009 年上海汽车产、销两旺，效益大幅提高，到年末，股价如期涨到 27.30 元，投资者最高获利 5 倍，如图 1 所示。

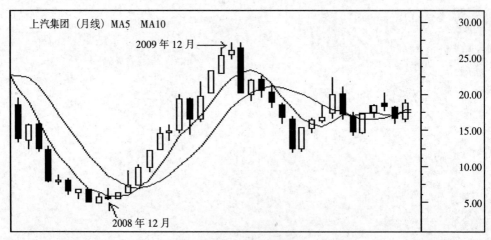

图 1　上汽集团

赚了指数就赚钱——ETF 基金

我不管感情上能不能接受，只要理智上认为正确的信息都接受。

——迈克尔·马科斯

有的股民不知道该买什么样的股票，牛市里也常常陷入赚指数不赚钱的困境。解决这个问题的办法就是购买 ETF 指数基金。投资 ETF 指数基金后就不必再关心选股问题，而且能在牛市里轻松获取等同于指数的收益，赚了指数也赚钱。

ETF 基金的名称是"交易型开放式指数基金"，它通过"一篮子"股票组合（如上证 50）跟踪"标的指数"的变化。例如，可以通过购买 ETF50 基金密切跟踪上证 50 指数的走势。

ETF 基金可以在交易所上市交易，交易方式与股票相同。与传统开放式基金相比，ETF 基金的管理费和交易手续较低，而且盘中实时交易快捷、方便。如图 1 所示。

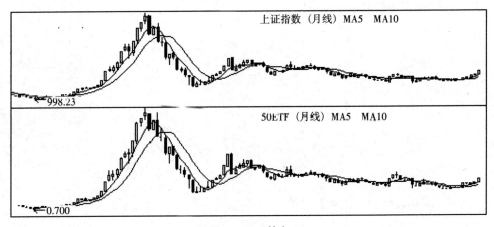

图 1　ETF 基金

墨菲法则——担心的事总会发生

我学会了如何将防守思想摆在交易的第一位。

——保罗·都铎

墨菲是美国爱德华兹空军基地的工程师。1949年，一次火箭试验发生了事故，墨菲检查后发现，测量仪表被一个技术人员装反了。因此，他得出教训：如果工作方法存有发生事故的隐患，那么这种事故一定会发生。也可以说：如果事情有出错的可能，那么不管这种可能性有多小，它总会发生，并造成最大可能的破坏。日常生活中，我们也会常常感觉到：有可能出错的地方，常常就会出错；越担心会出问题，问题往往就会发生。

有些投资者盲目自信，对交易中的不利因素视而不见，或侥幸认为不会发生在自己头上。一旦真的碰上连续跌停等非常不利的情况，轻则亏损严重，重则长期套牢。因此，在交易时，一定要考虑到各种最坏情况，并提前采取资金管理等预防措施，当最坏情况出现时尽量减小损失。

什么行业牛股多

彭博数据显示：截至 2009 年底，美国股市累计涨幅前 15 名的股票都是大消费类上市公司，思科上涨了 954 倍，沃尔玛上涨了 552 倍，微软上涨了 486 倍。包括近些年股价大涨的苹果、谷歌等公司也是消费者喜爱的消费电子类企业。

A 股市场上，二十几年来同样涌现了许多大消费类牛股，如苏宁云商、格力电器（见图 1）、贵州茅台、泸州老窖、伊利股份、云南白药等。投资大师巴菲特特别喜欢投资消费类股票，长期持有华盛顿邮报、可口可乐、宝洁、吉列等国际上最优秀的消费类公司，获得不菲回报。

大消费类公司的产品与普通大众的生活息息相关，一般都是生活必需品，市场发展潜力大，各个细分行业的龙头股最容易成为长期大牛股。

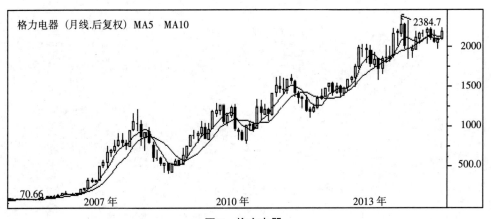

图 1 格力电器

顺势者赢

在指数上涨过程中，即使是最差的投机人士也能赚到一些钱；而在指数下跌过程中，即使挑到好股票的人也赚不到钱。因此投资最重要的是普遍的趋势，其次才是选股，只有投资经历至少 20 年之久的投资者，才用不着太关心整体发展趋势。

——科斯托兰尼

投资股票最重要的是顺势而为，无论是做短线还是做长线，顺势者赢、逆势者亏。

顺势而为的关键是要在趋势形成之初及时介入，若犹豫不决将失去最佳机会；趋势运行中要有耐心，不能因恐慌紧张导致半途而废；趋势结束后要及时了结，不能因贪心导致前功尽弃。

八年赚 460 倍

> 做一个有耐心的投资者。
>
> ——格雷厄姆

1999 年的紫金矿业，规模不大但一年的利润有三四千万元。

2000 年紫金矿业进行改制，评估值不到 1.5 亿元，陈发树出资 3359 万元参与改制。

改制后，紫金矿业开始大规模扩张，2003 年 12 月，紫金矿业 H 股在香港上市，连续几年大比例送转股后，总股本翻了近 10 倍。

2008 年 4 月，紫金矿业回归 A 股，这时陈发树共持有紫金矿业近 21.8 亿股，按每股 7.13 元的发行价计算，市值近 155 亿元，相比最初投入的 3359 万元，八年间，增长高达 460 倍！

简评：低成本介入成长股是暴富的好方法。

战胜指数的诀窍

> 坦率地说，如果我能发现一家公司增长率在20%~25%，并且市盈率只有十几倍，再加上漂亮的资产负债表和绝对领先的市场占有率，我会把所有的钱都投在上面，但是我从未找到过这样的股票。
>
> ——彼得·林奇

长期持有绩优成长股是战胜指数、获得超额利润的诀窍。图1是上证指数与贵州茅台股价走势对比。

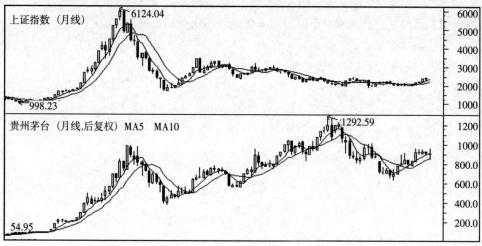

图1 走势对比

不怕错，最怕拖

不怕错：炒股不可能百分百成功，总有做错的时候，如果做好资金管理和止损，损失的一点小钱很快就会补回来。

最怕拖：做错了拒不承认，一拖再拖，损失越来越大，最终一败涂地。

举例：中航油越拖越错

2003年，中国航油（新加坡）股份有限公司认为石油价格会跌，于是卖空石油期货。开始时判断正确，有所获利。2004年，石油市场走势逆转，由跌转涨，该公司一季度发生了580万美元的亏损。如果操盘手足够理智的话，这时应该顺势而为、果断止损。但该公司不承认自己犯错，采取"拖"的策略，认为油价会很快转为下跌。在亏损的情况下，该公司继续增加持仓量，试图摊低成本。这种在错误头寸上加仓的做法，无疑是走向破产的捷径。进入第二季度，亏损额扩大到了近3000万美元。2004年10月，因为油价继续上升和在错误的头寸上继续加仓，亏损额继续扩大到1.8亿美元之巨。这时，该公司放手最后一搏，向母公司借贷1.08亿美元继续加仓，但与市场对赌的最终结果是亏损高达5.5亿美元，彻底失败。

简评：如果中航油在刚开始亏损580万美元时果断止损，就不会有后来近乎破产的结局了。

投资大敌是什么

投资者需谨记，头脑发热和高昂成本乃是其大敌。

——巴菲特

一位民间投资高手曾说：自己年轻时每日一股，三十岁每周一股，四十岁每月一股，五十岁以后每年一股，越来越觉得赚钱不靠勤，在于方向与耐性。

举例：2009 年股民牛市亏损启示——频繁换股是头号"杀手"

2008 年，股市暴跌曾给广大股民带来阵阵寒意。时隔一年，牛年股市又使投资者备感温暖。这一年，中国股市走出了一个漂亮的 V 形反转。在近一年的时间里，上证指数上涨约 78%，深证成指大涨 113%，两市平均涨幅高达 96%。

然而，指数和个股的井喷，并没有让多数投资者的钱包跟着"水涨船高"，收益能够跑赢大盘甚至跟上那些牛股节奏拉出"长阳"的投资者寥寥无几，而不盈反亏的倒大有人在。

先看一项调查。中证报和新浪最近联合推出了"2009 年证券市场投资者有奖调查"。点击"查看"便可发现，在这难得一遇的牛市里，多数股民跑输了大盘，有三成左右的股民"颗粒无收"甚至程度不同地出现了亏损。

再看一个实盘。2009 年 1 月 10 日，浙江某著名媒体的证券周报推出了类似实盘比赛的栏目——"20 万元投资组合"。至 12 月 11 日收盘，同期深圳涨 120.27%，上海涨 78.34%，平均涨 99.31%，参与实盘操作的三位选手"二盈一亏"，但全部跑输大盘。战绩最好的 T，收益率为 54.10%，跑输指数 45.21 个百分点；G 收益率仅为 17.90%，跑输指数 81.41 个百分点；收益率最差的是 X，在指数翻倍的情况下，竟逆市亏损 0.17%，跑输指数 99.48 个百分点。

熊市亏钱，没啥说的，但牛市跑输大盘甚至亏损，却着实让人匪夷所思，也留给人们太多的启示。

启示一：频繁换股是导致牛市炒股的头号"杀手"

以上述实盘比赛为例。战绩最好的 T 素以选股精准、快进快出著称，其最大特点是几乎每周都要换股，而且多数以周一开盘价买入或卖出。

开赛后第一个交易日至 1 月 12 日，T 以开盘价 5.35 元全仓买入山西焦化（600740）37300 股，第二周就将其卖出。以后，T 又先后在沙隆达、澄星股份（600078）、海虹控股（000503）、泰达股份（000652）、金牛能源（000937）等多只股票上来回操作。最终，在三位选手中，T 以 54.10% 的收益率胜出，但仍未能跟上大盘节奏。

"频繁换股"操作手法，在大盘和个股处于僵持或振荡阶段，具有一定的优势，但在一轮大牛市里，往往得不偿失。多动不如少动、少动不如不动的炒股经，在牛市里更为适用。假如 T 采取买入后一路持有策略，不仅操作起来更加轻松，而且投资收益也会更高。以金牛能源为例，T 的买入价为 22.60 元，卖出价为 22.85 元，12 月 11 日该股收盘价已涨到了 44.83 元，但因为拿不住，近 1 倍的收益就这样灰飞烟灭。即使一路持有买入的首只股票山西焦化，涨幅也达 85.98%，比频繁换股多出收益 31.88 个百分点。

启示二：底部做空是导致牛市炒股的一大"硬伤"

在投资者的心目中，G 堪称捕捉"黑马"的高手。2007 年实盘赛期间，G 曾因准确捕捉并长期重仓持有大黑马风帆股份（600482）（7.30 元买入，36 元卖出），实现盈利 411.24% 的目标而一举夺魁，给投资者留下了深刻印象。正当人们再次期待 G 在今年的牛市里再捕"黑马"、续写辉煌之时，G 却交了份差强人意的答卷。

2009 年股市第一次也是最急的一次井喷是 1 月 13 日至 2 月 16 日。从实盘赛开始，G 一直空仓，不敢买入。直至 2 月 16 日，大盘已连涨 19 天，涨幅高达 28% 时，G 才忍不住首次建仓华夏银行（600015）（9.68 元）。然而，从 G 建仓的次日起，大盘随即出现了连续两周同时也是今年以来幅度较大的调整，给 G 致命一击。好在半个月后，G 抓住时机以 9.68 元的买入价顺利脱手。这一仗，G 空手而归；3 月 9 日，G 二度出手，12.65 元建仓海通证券（600837），9 天后又以 12.70 元的价格几乎平手出局，再一次无功而返。就这样，G 一空仓，大盘就涨，G 一进场，大盘就跌，一次次踏空，一次次错失良机，最终只收益 17.90%，跑输指数 81.41 个百分点，与轰轰烈烈的大牛市失之交臂。

回眸 G 的操作轨迹，不难发现，底部踏空，错失机会，是导致其牛市跑输大盘的重要原因。股市就是这样，期待的往往落空，担心的常常发生，本想空仓等跌，结果涨了又涨；曾经有过辉煌，并非永远会赢；高位满仓风险极大，低位空仓风险同样不可小觑。还有，如果说低位空仓是"一错"，那么高位追涨就是"错上加错"。

启示三：追涨杀跌是导致牛市亏钱的"致命伤"

相比前两位选手，X 似乎"运气"更差，不仅没能跑赢大盘，而且成了唯一一位牛市亏钱的参赛选手。在指数上涨 96.15% 的情况下，X 竟逆市亏损 0.17%。

从表面看，导致 X 牛市亏钱这种尴尬结局的"罪魁祸首"非福星股份（000926）莫属，实际上，追涨杀跌才是导致 X 牛市跑输大盘的"幕后推手"。新年伊始，福星股份仍旧成了两市仅有的几只明星股之一，在短短一个半月的时间里，涨幅就超过 60%，吸引了众人的目光，也刺激着 X 的神经。2 月 14 日，X 在"操作计划"里，作出了大胆而又危险的决定——"下周一 7.5 元全仓买入福星股份"。周一，X 如愿以偿，满仓"福星"。

然而，"福星"并未给 X 带来"福运"。随后 9 个交易日，福星股份大幅杀跌，X 市值同步跳水。两周后，X 咬牙卖出。这一卖，就使 X 的收益由原来的盈利 7% 变成了亏损 13%。此后，大伤元气的 X 再也不敢冒险操作，从 3 月 2 日一直空仓到 5 月 11 日，同期大盘则由 2066 点涨到了 2646 点。最终，X 的收益逆市亏损 0.17%，跑输指数 99.48 个百分点，这一"战绩"成了 12 月 11 日收盘时 X 的一段刻骨铭心的记忆。

X 曾因短线激进而名噪一时。实盘赛开始阶段，X 也曾在津劝业（600821）上成功出击，取得过超过 7% 的收益。然而，这位短线高手最终还是"晚节不保"，"伤"在了追涨杀跌这一低级而又传统的险招上。面对亏损成绩单，眼睁睁地看着大盘和个股尽情狂舞，个中味道，是苦还是涩，只有 X 本人才能品得到。

"炒股切忌追涨杀跌"这一老掉牙的警句，常被一些人视作耳旁风。2009 年股市的风风雨雨，以及投资者经历过的成败得失都再一次告诫人们：追涨杀跌是导致牛市亏钱的"致命伤"。

（摘自：中证网，2009 年 12 月 24 日）

简评：频繁交易、高昂成本是投资者获利的头号杀手，追求大利润交易、减少交易次数是投资成功的捷径。

投资冠军成功秘诀

马丁·舒华兹参加过 10 次全美投资大赛（四个月期比赛），其中 9 次获得冠军，在这 9 次比赛中，平均投资回报率高达 210%，收益几乎是其他参赛者的总和。他还参加过一次一年期的比赛，收益达到 781%。舒华兹主要做 S&P500 指数期货，大部分是短线交易，资产从 4 万美元逐步增长到 2000 万美元。

舒华兹在成功之前，也经历过十年频繁亏损的时期，他成功的主要原因是：

找到适合自己的交易方式

舒华兹最早以基本面分析为主，自从改为自己擅长的技术分析后，他获得了成功。

承认市场永远是对的

舒华兹说：自从自己能把自尊与是否赚钱分开来时才开始变成股市赢家。他认识到交易中最重要的是盈利，自己的看法是否正确无关紧要。他不再预测市场走向，顺势而为。

资金管理

舒华兹极力避免出现大亏，通过有效的资金管理，每月亏损额不超过 3%。

怎样选择卖出时机

俗话说：会买的是徒弟，会卖的是师傅。出现以下几种情况，可以选择卖出：

（1）股价大涨后出现天量，可能是短期头部。

（2）几乎所有人都赚钱，可以逐步卖出。

（3）股票型基金仓位上升到90%左右，离顶部不远。

（4）有效跌破均线或重要支撑位，开始减仓。

（5）跌破止损位，马上止损。

（6）买进的理由消失时，果断卖出。

最快的破产方法

与市场对赌是最快的破产方法。

举例

1982 年 11 月 4 日，美国股市大幅上涨，曾多次荣获投资大赛冠军的马丁·舒华兹却坚持自己的错误看法，持续加仓做空 S&P500 指数期货，结果一天之内损失了 60 万美元。此后，舒华兹制定了一项交易规则：交易之前，先确定在这笔交易中所能承担的风险，设定止损位，并严格遵守。

举例

1994 年下半年，巴林银行新加坡分行的交易员利森判断日经指数将要上涨，于是持续买入日经 225 指数期货。可是日本股市却连续下跌，导致利森损失惨重。利森拒不认错，坚持与市场对赌，逆势而为，一再加大投资，最终，利森损失 4 亿多英镑，百年巴林银行因此而倒闭。

一招鲜，吃遍天

一个人不能骑两匹马，骑上这匹，就要丢掉那匹。聪明人会把凡是分散精力的要求置之度外，只专心致志地去学一门，学一门就要把它学好。

——歌德

成功的交易者坚持使用一个简单的方法，失败的交易者使用多个复杂的方法。有些投资者为了提高成功率而使交易方法复杂化，但这么做却使赚钱越来越难。

比较有效的投资方法是：选择一种简单的追踪趋势的方法，不管是技术面的还是基本面的，坚持长期使用。

交易过程中要注意以下几个问题：

（1）严格按照所有信号出、入市。

（2）使用止损、资金管理等措施应对非系统性风险。

（3）盈利目标不要设定过高，要具有耐心。

赚小钱与发大财

把握好的本垒打。你做对还不够，你要尽可能多地获取。

————索罗斯

赚小钱者：抓住了机会，胆小轻仓，只能赚小钱；

发大财者：抓住了机会，敢于重仓，于是发大财；

发大财者：没有机会，果断休养生息，等待时机；

赚小钱者：没有机会，仍然进进出出，劳民伤财；

发大财者：集中精力，发现机会及时介入，获利最多；

赚小钱者：三心二意，发现机会为时已晚，只能喝汤；

发大财者：看大方向，跟大势，赚大钱；

赚小钱者：看小波动，重小利，赚小钱。

耐心才能钓大鱼

贵州茅台是有名的牛股，业绩高增长使股价翻了几十倍，为众多持有该股的基金带来不菲收益。据统计，在股价大涨前的2003年，有3只基金持有贵州茅台，2004年行情启动后有30只基金持有贵州茅台，随着股价持续上涨，2011年持股基金数达到了213只。

华夏成长基金曾独具慧眼，在2002年一季度就持有贵州茅台1685487股，成为第一大流通股东。当时贵州茅台的业绩还不是很出色，因股价持续下跌，华夏成长基金亏损了近36%。2003年末，失去耐心的华夏成长基金把贵州茅台股票全部卖出，可是一卖就涨，2004年起贵州茅台走进了数年的大牛行情，如图1所示。

相比之下，巴菲特就老练得多，他买入的股票通常还会继续下跌一段时间，但他坚持不动，最终获得了巨额收益。

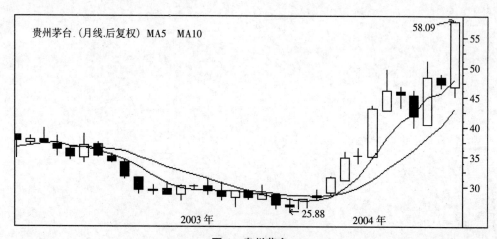

图1 贵州茅台

怎样抓大牛股

常言说：选股不如选时。如果好股＋好时，则更容易抓住大牛股。

举例：牛市买入绩优股中国船舶，最大获利数十倍

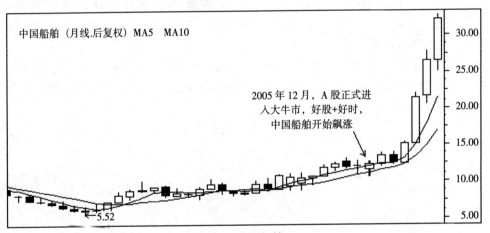

图1　中国船舶

投资成功与好习惯

> 无法抑制的乐观主义能导致狂热的投机。
>
> ——格雷厄姆

有一次，巴菲特的高尔夫球友们要同他打一个赌：他们认为巴菲特在三天的比赛中不会出现一杆进洞。如果巴菲特输了，只要付 10 美元，如果赢了，可获 20000 美元。巴菲特拒绝了这个提议，他说："如果你不学会在小的事情上约束自己，你在大的事情上也不会受内心的约束"。巴菲特拒绝高风险投资，即使回报非常诱人，这体现了他严于律己的一面。有的投资者认为小赌无伤大雅，但如果养成盲目赌博的心态，会给投资带来灾难性的后果。

成功的投资者在生活中培养了严谨、认真、遵守纪律的态度，正是这些态度决定了投资的成败。试想一下，如果一个人经常闯红灯，他会在交易中严格遵守规则吗？

新股民为什么容易赚钱

当你交易不顺时减仓，当你交易顺利时加仓。

——保罗·都铎

牛市启动后，市场上不断流传着让人羡慕的暴富神话，这些神话促使新股民踊跃入市。牛市里买股票赚钱容易，而新股民不懂选股，喜欢买热门股、强势股，这些股票大涨的可能性大，所以，刚入市的新股民赚钱的概率比较大。

牛市结束后，新股民成长为老股民，在接下来的熊市里如果仍沿用牛市追涨的手法，必然赚少亏多。

因此，新股民要变成常胜将军，首先要学会分辨牛熊。只有完整经历过几个牛市、熊市周期而仍能保持收益稳定，才能称得上真正高明的投资者。

下跌是买进机会

> 其实，股市的下跌如一月份的暴风雪是正常现象，如果有所准备，它就不会伤害你。每次下跌都是大好机会，你可以挑选被风暴吓走的投资者放弃的廉价股票。
>
> ——彼得·林奇

举例

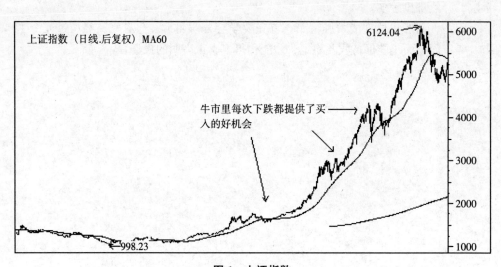

图1　上证指数

让财富成倍增长

别信理财师的忽悠，忘掉复杂的投资模型，牢记简单的原则，就可以让财富成倍增长。

——约翰·伯格

有些投资者认为越复杂、越高深的分析方法越能带来高收益。实际上，股票投资最重要的是你对投资手段和投资目标的熟悉程度，盲目复杂化往往带来更多的亏损。

真正成功的投资大师从来不用复杂的投资模型，例如，巴菲特虽然高谈现金流和资金回报率，但他从来不用计算器；马丁·舒华兹主要依靠股价平均线就数次获得全美炒股大赛冠军。

实际上，市场一直以简单的方式重复波动着，如果尝试用简单、科学的目光去审视、追随市场，成功的大门将向你打开。

举例：55 万元变 3000 万元

1988 年 8 月 22 日，兴业银行在福建登记成立，陈文德认购了 55 万股普通股。后来，兴业银行与陈文德失去了联系。2014 年，陈文德联系兴业银行，要求主张自己的股东权利。此时，当初购买的 55 万股，历经多次送股，已变成 257.38 万股，按照兴业银行 2014 年 4 月 16 日收盘价 10.03 元/股计算，市值达到 2581.52 万元，再加上历年分红所得 488.6 万元，这些股票已价值 3000 万元。

巴菲特重仓股投资过程

> 人们经常高估自己在一两年内能够取得的成绩，而低估自己在十年内能够取得的成绩。
>
> ——比尔·盖茨

巴菲特在 1958 年致合伙人的信中，讲述了自己的第一大重仓股投资过程：

"为了便于各位合伙人更好地理解我们的投资方法，我在这里要回顾我们 1958 年的一个具体投资实例。1958 年，我在信中提到，我们的第一大重仓股，在我管理的各个投资合伙企业的组合中占比高达 10%~20%。我还指出，如果这只股票价格出现下跌或保持相对平稳，反而对我们更加有利，因为这样能使我们以较低的价格买入更多股票建立更高的仓位。但也正是因为这个原因，在牛市中，重仓这样一只股票可能会阻碍我们取得相对于市场的业绩领先水平。"

"这只股票就是位于新泽西州尤因市的共富银行（Commonwealth Trust Co. of Union City）。在我们开始买入时，我保守地估计这家银行的内在价值约为每股 125 美元。然而，由于某种原因，尽管这家银行每股收益 10 美元，却也不分配现金股利，而这正是导致这只股票股价低迷只有每股 50 美元的主要原因。因此，我们就有机会以远低于其内在价值的价格买入这样一家有相当强大的盈利能力而且管理相当好的银行。这家银行的管理层对我们这个新股东非常友好，看起来这只股票投资最终出现投资亏损的可能性极小。"

"共富银行的资产总额约为 5000 万美元，差不多相当于奥马哈市的 First National 银行或者 U.S. National 银行资产总额的一半。一家大银行持有其 25.5% 的股份，而且多年来一直希望把共富银行合并掉。但是由于个人原因导致两家银行一直未能进行合并，不过有证据表明这种情况并不会一直持续下去，未来肯定会合并。总的来说，我们对共富银行的股票投资三大优点集于一身：一是具有非常强大的风险防御能力；二是公司的内在价值以令人满意的增长率稳定增长；三是有证据表明最终公司的内在价值将会充分释放出来，不管是在未来一年还是在十年之内。如果说是十年之内，那么这家银行股票的内在价值将会增长到相当高的水平，比如说，可能是每股 250 美元。"

　　"用了一年左右的时间，我们成功地买入了这家银行约 12% 的股份，平均买入成本约每股 51 美元。显然，如果这只股票的市场价格继续半死不活保持静止不动，对我们来说更加有利。随着我们持股的规模不断加大，其价值也不断提高，尤其是我们成为公司第二大股东而拥有足够多的投票权保证任何合并提案都必须征求我们的意见。"

　　"不幸的是，我们在买入这只股票的时候遇到了一些竞争，结果竞相买入导致股价格上涨到了每股 65 美元，在这个价位上我们既不愿意买入也不愿意卖出。对于这类交易很不活跃的股票来说，买入股份数量非常小的埋单引发其股价大幅变动。这也可以让大家明白，不要'泄露'任何一点我们的持股信息是多么重要。"

　　"1958 年后期，我们成功地找到了另外一个非常好的股票，我们能够以一个很有吸引力的价格大量买入而成为其第一大股东，因此，我们以每股约 80 美元的价格通过大宗交易整体卖出了我们持有的所有共富银行股票，尽管这个大宗交易价格较当时的市场行情低了大约 20%。"

　　"很明显，我们本来也可以选择继续耐心持有我们每股 50 美元买入的这家银行股票，继续一点一点地买入，尽管可能因此会让我们 1958 年相对于市场的业绩看起来差多了，我仍然会对这种投资于价值低估类股票的策略非常满意。1958 年我们之所以选择卖出共富银行股票兑现盈利，在很大程度上是非常偶然的原因造成的。因此，用任何单一年份的短期投资业绩作为依据来推测我们未来的长期投资业绩，其作用非常有限。可是，我相信投资于价值过于低估而且防御性良好的股票是最有把握获得证券投资长期盈利的投资之道。"

　　"另外，我想指出的是，以每股 80 美元买入我们卖出的共富银行股票的投资者未来几年也能够获得不错的投资收益率。但是，这家银行股票的股价在每股 80 美元时相对于每股内在价值 135 美元而言的低估程度，和股价在每股 50 美元时相对于当时每股内在价值 125 美元而言的低估程度有很大的不同。对我来说，看起来卖出共富银行把它替换成另一只股票可以更高效地运用我们的资本。我在新的重仓股上投资的规模比共富银行还要大，大约占到各家合伙企业资产总额的 25%。虽然其内在价值被低估的程度并不高于（甚至低于其中一些）我们持有的很多其他股票，但是，我们却是第一大股东，第一大股东的地位在很多时候能够使我们在确定修正股票市场价格低估程度需要的时间长短上具有相当大的优势地位。对于这只特别的第一大重仓股，我们几乎可以肯定，在我们持股期间其业绩表现将会超过同期的道琼斯指数。"

　　(摘自：《第一财经日报》，2012 年 4 月 21 日)

牛市不赚钱的原因

成功的投资者总是顺应走势最流畅的市场。

——杰西·利物默

短线追涨杀跌

牛市中最好的获利方式是长线持有强势股。大部分股票在牛市里的表现与大盘同步，呈现振荡盘升走势。如果追涨杀跌，会经常买在短期顶部、卖在短期底部，出现一买就跌、一卖就涨的情况，最终股价涨幅很大，自己却亏损严重，赚了指数不赚钱。

选择错误股票

牛市里热门股、强势股涨势惊人，也有很多股票涨幅很小。如果避强择弱，不仅赚不到钱，还有可能在牛转熊后赔上一些。

犹豫不决

股市总是在担心、犹豫中不断上涨的。熊市末期，大部分人被长时间的熊市折磨的丧失了信心，犹如惊弓之鸟，对所有上涨都持怀疑态度，于是在犹豫中错失了一波又一波行情。

炒股不成功的原因

在投资交易中，你无法掩盖你的过失。如果把过失怪罪于外部因素，就永远不会从错误中吸取教训。

——维克多·斯柏

量子基金创始人吉姆·罗杰斯的经验："我们中的大部分人，没有接受过把注意力集中在单一目标上的训练，持续五年、十年或二十年，放弃其他每件事情去完成它，但这是成为一个奥运会冠军、一个世界级的外科医生或一个基洛夫芭蕾舞演员所必须的要求。当然，这也可能是白费工夫。你所犯的一个错误，可能会让你前功尽弃。你想做什么都能做得到，但不可能做到所有的事。

把家庭放在第一位的人，不可能成为世界级的长跑选手，甚至不可能跑出 3.5 英里。赚你的第一个 1000 万美元，写一部伟大的美国小说，或骑摩托车环游全世界，这样的目标需要全身心的投入。"

简评：集中精力、独立自主、具有耐心和必不可少的专业训练是炒股成功的前提。

价值投资最重要的是什么

> 我们的股票投资策略持续有效的前提是：我们可以用具有吸引力的价格买到有吸引力的股票。
>
> ——巴菲特

表面看似差别不大的增长速度，在时间复利的放大作用下会产生巨大的收益差别。我们用都是民族中药品牌的同仁堂和云南白药为例：同仁堂从 1996~2005 年的十年中，平均净利润年度增长大致为 12%，十年增长了 2.3 倍，而其自 1997 年 5 月至今的股价涨幅为 207%，基本与利润增幅一致；云南白药 1996~2005 年的十年中，平均净利润年度增长大致为 24%，十年增长了约 9 倍，而其自 1997 年 5 月至今的股价涨幅为 1146%，也基本与利润增长幅度一致。

由此我们可以看到：从中长期的角度看，股票的股价上涨曲线与企业利润增长曲线会趋于一致，企业内在的业绩成长是支撑股价上扬的核心动力；12% 与 24% 的年度利润增速差异经过近十年的时间复利演化，变成 207% 与 1146% 的巨大股价涨幅差异。因此，从中长期的角度看，投资制胜的核心在于成长、成长，还是成长；当然还必须是高质量的成长。

（摘自：《证券时报》，2006 年 10 月 16 日）

什么样的企业值得投资

> 我们视变化为投资之敌……所以我们寻找一成不变的企业，我们不喜欢损失金钱，资本主义是残酷的，我们只寻找人人需要的现实产品。
>
> ——巴菲特

长期来看，投资股票就是投资企业。投资一个很牛的企业，就能得到一只很牛的股票。以下几种企业值得投资。

投资成功企业

一个成功的企业背后一定有一套成熟的、优秀的商业模式支撑，依靠这种商业模式，企业可以顺利、稳定地发展。例如，投资巴菲特，绝对比投资一个菜鸟基金经理更靠谱。

投资成功企业的优点是风险小、见效快，每个行业的龙头股——特别是热门行业的龙头股，往往是资金追逐的对象。

投资简单企业

主营业务简单的企业更容易理解、更容易分析盈利前景和风险，也更容易成功，像贵州茅台、云南白药、苏宁电商等企业的主营业务都很单一，同时也是行业龙头。有一些公司业务繁杂，盲目追求多元化，但成功得少，失败得多。温州眼镜大王就曾因举债进军不熟悉的光伏业务，造成巨额损失，交了一笔代价高昂的学费。

投资垄断企业

巴菲特说：我们根据"护城河"加宽的能力以及不可攻击性作为判断一家伟大企业的主要标准。

垄断企业的优点是——利润高、风险低，如果价格也合适的话，就是一笔完美的投资。

利用危机投资

巴菲特认为：当人们贪婪时，你要恐惧；当人们恐惧时，你要贪婪。

一个优秀成长型企业因遭遇危机而股价大幅下挫时，如果公司主营业务发展前景不受大的影响，投资人就有了以很高的安全边际买入股票的机会。

集中投资

当看好的机会出现时，要果断重仓介入。资金安排要合理，即不冒太大风险，也要保证投资成功时能取得超额回报。

散户和庄家的区别

> 我在这一行干时，每天至少有9~10个所谓内幕消息传到我耳朵里，但无一例外都是错的。这是因为有些人一开始传递的消息事实就有误，或者他从某人那里得到了不少好处来传递这个所谓的内幕消息。如果你从上市公司总裁那里得到内幕消息，你的钱可能要亏掉一半；如果你是从上市公司董事长那里得到内幕消息，那你的钱就全没了。
>
> ——吉姆·罗杰斯

区别一：庄家用几亿元、十几亿元做一只股票，散户用几千元、几万元做十几只股票。

区别二：庄家用几年做一只股票，散户用几天做一只股票。

区别三：庄家一年只做一只股票，散户一年交易上百只股票。

区别四：庄家有一个专业团队协同合作，散户单打独斗势单力薄。

区别五：庄家在市场低位耐心建仓，大涨后逢高派发；散户高位追涨，庄家撤离后被套牢。

区别六：庄家建仓之前，对公司基本面、股票筹码分布、市场大势、国家政策、散户心理都有充分研究；散户仅靠捕风捉影的小道消息就能买进卖出。

区别七：庄家看大势赚大钱；散户没有机会也要试试运气，小钱没赚到，大钱亏不少。

会休息才会投资

> 休息其实是工作的一部分，只有远离市场，才能更加清晰地看透市场。那些每天都守在市场的人，最终会被市场中出现的每一个细枝末节所左右，最终根本失去了自己的方向，被市场给愚弄了。
>
> ——索罗斯

股价波动同时受到庄家实力、大盘行情、国家政策等多种因素的影响，短期内走势复杂。其中，很多股价波动、很多股市信息与你的投资策略根本无关。坚持你的交易规则，交易信号未出现之前，休息不动。

巴菲特挑选股票方法

真正出色的公司，绝大部分的信息十分清楚。

——菲利普·费雪

在 2013 年股东大会上，有人问巴菲特和芒格：挑选股票有什么标准或方法？

巴菲特说："我们考察企业的角度很简单，我们就是假设是否会有人看上它，然后向我们要求买下整家公司，买企业时大家都会想知道未来十年它会怎么样。"

芒格表示："我们不知道如何通过数据来买股票。我们就知道伯灵顿铁路公司在过去多年中都有竞争优势。我们不知道未来苹果会怎样。买股票你必须能理解这家公司及它的竞争地位。这些都不可能通过数据显露出来。"

怎样详细考察一家公司

> 想要创立的事业，必须有发展前景，而且是自己的能力范围所及者，如此才有成功的希望。
>
> ——邱永汉

这家公司怎样赚钱

公司的主营业务是否简单清晰，产品是否有竞争力，市场潜力是否巨大。

财务状况：

（1）现金流是否正常：理想的状况是净利润和经营带来的现金流同步增长（一些处于快速投资扩张期的企业，现金流可能是负的）。警惕净利润增加而现金流减少或为负的情况，这可能是利用会计手法夸大了利润。

（2）负债是否过多：企业长期债务过多，就没有资金支持发展，甚至生存都可能存在问题。

在行业中的地位

细分行业的龙头公司应该重点关注。骑上跑得最快的那匹马，不要指望弱者后来居上，这种情况发生的概率很小。

受宏观经济的影响

钢铁、房地产、造船等强周期行业的公司可以在经济上升期投资；消费、医药等弱周期行业公司受经济波动的影响较小，可作为防守型资产配置；优秀的成长型公司，不必考虑宏观因素影响，选择合适的价位积极买入并长期持有。

可能存在的风险

企业面临的较大风险包括单一大客户风险、多元化投资风险、市场风险、管理层风险、汇率风险等，对企业明显的弱点要保持警惕，并通过资金管理等方式规避。

股价

过高的股价透支了企业未来的发展潜力，低买高卖是投资永恒的法则。

怎样投资成长股

> 经过几年的思索，我现在越来越坚信，最好的价值投资方式是：找到一个仍处于成长周期内的产业，判定该产业内最具发展前景的公司，并长期持有这些股票。
>
> ——托马斯·普莱斯

费雪以善于寻找成长股著名，他认为：投资者在经济大势的预测上不应花费过多精力，应该集中精力选择能使自己以最小的代价和风险来获得最大收益的公司。优秀的成长股一般具备以下特征：

（1）主营业务和利润稳步增长；

（2）竞争优势明显；

（3）行业龙头公司；

（4）管理层优秀；

（5）财务状况稳健；

（6）市场潜力巨大；

（7）受宏观经济影响小；

（8）没有大的风险。

投资者通过走访上下游企业、竞争对手、企业内部人员和相关管理部门，可以深入了解企业是否具备上述特征，以此作为投资的依据。

避免大亏，避免破产

> 我之所以在投资生涯的前十年做得最好，就是因为我们的资本金从来没有大比例亏损过。
>
> ——巴菲特

因一次大亏而破产的例子，最著名的莫过于美国 LTCM（长期资本管理公司）。该公司曾经连续三年盈利 2.84 倍，有堪称梦幻组合的管理层，包括诺贝尔经济学奖得主默顿和舒尔茨、美国前财政部副部长莫里斯等学术界和政经界要人，在华尔街与索罗斯量子基金齐名。然而这样一家具有豪华阵容的公司，因缺乏有效的资金管理，一次大亏就失败了——因一个小概率的突发事件，短短 150 天内亏损超过 50 亿美元，损失了 90% 以上资金，近乎破产。

巴菲特曾说："我总是在一片恐惧中开始寻找。如果我发现一些看起来很有吸引力的投资目标，我就会开始贪婪地买入。但我首先会关注任何投资失败的可能性。我的意思是，如果你肯定不会亏钱，你将来就会赚钱。这正是我们一直做得不错的一个原因。"

"现在有些股票可能下跌了 50%，从我 1965 年买入伯克希尔到 2009 年，这家公司的股价曾经 4 次下跌 50%。但是说到资本金的永久性损失，我们从来没有发生过。尽管我们曾经有过一些亏损，但没有任何一次亏损是那种真正的资本金损失。我总是首先关注任何投资失败的可能性。"

简评：即使有 99 次盈利，1 次大亏就可能会导致血本无归。要想成为常胜将军，首先要确保资金不会发生大亏，这样才能获得资金持续增长的机会。

第七部分 赚大钱的诀窍

重仓赚大钱

大部分人没有赚到大钱的原因是在机会面前过于保守。有一句话：敢拼才会赢。只要认定是个好机会并做好止损准备，就没有什么好担心的。

杜肯米勒在索罗斯旗下的量子基金工作时，曾做过一笔卖空美元买入马克的交易，建仓后市场走势不错。当索罗斯得知杜肯米勒在看对机会的情况下，只建立了10亿美元的仓位时非常不满，鼓励杜肯米勒把仓位再扩大1倍，尽力获取最大利润。最终，这笔交易获得了巨大的利润。

"一旦你对某笔交易极端有信心时，就应该敢于扼住机会的咽喉不松手。"杜肯米勒认为，保本和看准时机最大限度获利才能获得超人的业绩。杜肯米勒在1989~1993年任量子基金经理期间，年收益分别为31.6%、29.6%、53.4%、68.6%和72%。

巴菲特也绝不保守，机会面前敢于重仓。他曾经把620亿美元集中投资在45只股票上，仅投资组合的前10名股票就占了投资总额的90%。

"马太效应"——赢家通吃

"马太效应"指强者越强、弱者越弱、好的越好、坏的越坏、多的越多、少的越少的一种现象。

在股市里，赢家总是越赚越多，输家总是越亏越多。所以，不管赚多赚少，先进入稳定盈利状态是最主要的。

同样，强势股总是越涨越高，弱势股总是跌多涨少，所以，持有强势股才能越赚越多。

手表定理——越简单越好

> 追两只兔子，将会一无所获。
>
> ——陀思妥耶夫斯基

手表定理：一个人只有一只手表时，他能知道现在是几点钟；当他同时有两只以上的手表时却无法确定时间了。

投资者只用一种方法、一个指标时，可以得到明确的买卖信号；当同时使用多种方法、多种指标时，就很难得到明确的出入市信号了。

不值得定律——用喜欢的方式投资

> 未来属于那些能够自律且肯付出心血的人。
>
> ——菲利普·费雪

不值得定律：认为不值得做的事情，就不会做好。也就是说，如果一件事情你不愿意做或不符合你的性格，你就不可能把它做好。

有的投资者根据上市公司基本面选股，准备长期投资，但心情急躁拿不住股票，则不妨试试技术分析；有的投资者不能承受技术分析较高的失败率，则不妨试试长期持有成长股。

用自己能理解的、擅长的、喜欢的方式投资，才能越做越好。

零和游戏——只做赢家

> 任何人只要能巧妙做到"人弃我取，人取我施"的投资最高原则，自然便会是股市中的最大赢家！
>
> ——胡立阳

零和游戏：在一个游戏里，有赢家和输家，最后赢家赢的和输家输的相抵结果为零。

自己赚的，永远是别人所亏的。尽量做到自己少犯错误，并从别人的错误中获取更多利润。

水桶定律——注重交易细节

> 凡做事，将成功之时，其困难最甚。行百里者半九十，有志当世之务者，不可不戒，不可不勉。
>
> ——梁启超

水桶定律：一只水桶能装多少水，取决于最短的那块木板。

股票交易包含操作方法、资金管理、风险控制、执行力、心态控制等多个方面，任何一方面做不好都会导致投资失败。交易者必须重视交易的每个细节，只有每个细节都做好，才能获得理想的结果。

"二八法则"——大利润小亏损

> 把资本的大幅增值当作唯一的目标。
>
> ——菲利普·费雪

"二八法则"：80%的社会财富集中在 20%的人手里，80%的人只拥有 20%的财富。

大部分交易者会发现：80%的利润来自于 20%的交易，20%的交易亏掉了 80%的钱。所以，交易的秘诀：避免大亏，让利润奔跑。

简单的市盈率炒股法

A 股历史上，上证指数平均市盈率（PE）一直在 10~70 倍来回摆动。如果在市盈率低点附近买入、在市盈率高点附近卖出，不仅可以抓住牛市，还能规避漫漫熊途，是个不错的方法。当然，这种交易方法每次交易横跨数年，更适合长线交易者，如图 1 所示。

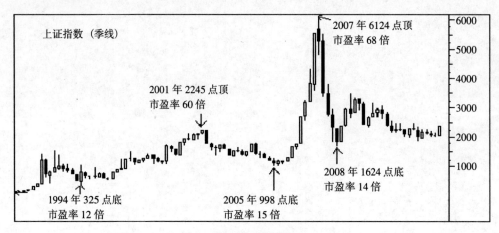

图 1　上证指数

注意：每次大顶、大底的平均市盈率值不是固定不变的，大体上，上证指数平均市盈率 20 倍以下为低估区域，55 倍以上为高估区域。虽然根据市盈率交易不能精确地买在最低点、卖在最高点，但只要有耐心，就能抓住大段行情。

懒惰也有好方法

> 只有少数基金经理能够长期持续地战胜整个市场指数。
>
> ——彼得·林奇

没有时间或没有能力选股的投资者，投资指数基金是一个聪明而懒惰的好方法。

1920 年美国道琼斯指数 70 点，2014 年达到 17000 点。长期来看，大盘指数一直是振荡上升的。

大部分股民感到长期赚钱很困难，如果长期投资指数基金，就一定能赚钱。

指数投资注意事项：

（1）用余钱投资，不要影响生活。

（2）要着眼十几年、几十年长期投资，能忍受熊市时资金持续缩水的考验。

（3）普通投资者可采用定投的方式。

（4）熊市末期，市场普遍悲观绝望时，是追加投资的好时机。

利用熊市抓牛股

2008年美国爆发金融危机，巴菲特在2010年致股东的信中写道："在过去两年金融市场一片混乱之中我们却大规模投资。过去两年对真正的投资者来说是最理想的投资时期，恐惧气氛是投资者的好朋友。那些只在分析人士做出乐观评价时才买入的投资者，为了毫无意义的保证付出了过高的价格。"

大盘熊市时，很多绩优股也惨遭大跌，这时候逢低买入，将享受股价快速反弹带来的巨大收益，如中天科技（600522），如图1所示。

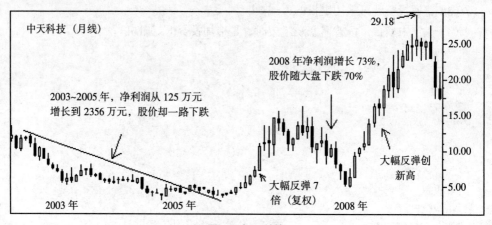

图1　中天科技

求缺——有付出才有成功

> 君子求缺，小人求全。
>
> ——曾国藩

俗话说：水满则溢，月满则亏，花满则谢。求缺的意思是：凡事都要有度，不能过于苛求，否则就会"物极必反"，好事变坏事。

股民希望每次交易都能赚钱，实际上这是不可能的。追求完美的人，走了很多的弯路、承受了很大的心理压力、付出了大量时间和资金成本，最终仍不会得到百战百胜的理想结果。求缺的人，不在意小亏小赚，反而能得到较好的收益。

如果求缺，我们就不会为了买在最低点而错失一波大行情；

如果求缺，我们就不会为了卖在最高点而反盈为亏；

如果求缺，我们就会只赚自己能赚到的钱；

如果求缺，我们就会坦然接受亏损而不烦恼；

如果求缺，我们就会追求持续稳定的盈利，而不投机冒险；

如果求缺，我们就会心态平和、遵守规则，开启盈利之旅。

成功源于勤奋

我未曾见过一个早起、勤奋、谨慎、诚实的人抱怨命运不好。

——富兰克林

大多数成功人士都习惯早起：美国总统奥巴马早上 5:30 起床；苹果已故创始人乔布斯早上 4:00 起床，9:30 之前完成工作；苹果现任 CEO 蒂姆·库克早晨 4:30 起床，开始发出公司电子邮件；迪士尼 CEO 鲍勃·伊格尔每天 4:30 起床，看报、锻炼、处理电子邮件。

前纽约市市长、彭博公司的创始人迈克尔·彭博认为："我的经验是，你得给自己制造运气。越卖力工作，运气就会越好。我一直努力做到早上第一个来上班、晚上最后一个离开，请假请得最少，离开办公桌去洗手间或者吃午饭的时间也花得最少"。

彼得·林奇管理富国基金 13 年，资产年均复利增长达 29%，在回答"什么是你成功的秘密"时说："我每年要访问 200 家以上的公司并阅读 700 份年度报告。"他早晨 6:15 到办公室，晚上 19:15 回家，在近 20 年的投资生涯中，彼得·林奇仅休过两次假，一次是他结婚的时候，一次是 1987 年的股灾期间，他被华尔街投资者称为"最忠实的工作狂"。

罗杰斯把他的成功也归功于勤奋："我并不觉得自己聪明，但我确实非常勤奋地工作。如果你能非常努力地工作，也很热爱自己的工作，就有成功的可能。""每个人都梦想着赚很多的钱，但是，我告诉你，这是不容易的。生活中最重要的事情是工作。在工作做完之前，我不会去做任何其他事情。"索罗斯说："罗杰斯一个人干了六个人的活儿。"

投资者在抱怨自己运气不好时，应自问一下："我是不是像那些成功人士一样努力了？"

最好的建议：怎样领先别人

> 我相信沃伦和我从优秀的商业杂志中学到的比其他任何地方学到的都要多。只要很快地翻阅一期又一期的杂志，就可以得到各种各样的商业经验，这种方法是如此简单而有效。
>
> ——芒格

吉姆·罗杰斯说："我得到最好的建议是一次在飞机上。那是我在华尔街的早期。我飞往芝加哥，我邻座是一位老先生，我说是老先生，其实是 40 岁左右。他告诉我读一切能读的。他说，如果你对一家公司感兴趣，你读了它的年报，你就超过了华尔街 98% 的人。如果你还读了年报的附注，你就会超过华尔街 100% 的人。我立刻意识到，如果我逐字逐句地阅读了一家公司的年报和附注——或者再进一步，两到三年的年报，我就会比其他人知道得更多。专业投资人惯于炫耀。每个人都认为自己很聪明。我后来认识到，我必须比上面说的做得更多。我知道，我必须阅读我投资公司的年报以及它们竞争对手的年报、专业期刊和我能搞到的所有相关资料。但我知道，在多数人连一些基本的家庭作业做起来都嫌麻烦。如果我做得更多，我就会远远领先，我可能就能找到成功的投资品。"

（摘自：《财富》，2012 年 10 月 30 日）

彼得·林奇怎样持股

炒股和减肥一样，决定最终结果的不是头脑而是毅力。

——**彼得·林奇**

彼得·林奇：坦白地讲，我也无法预测哪只股票能涨 10 倍或是 5 倍。如果公司营运一切良好，我会一直持有着这只股票，希望它最终能给我带来惊喜的回报。公司运营的成功没有什么可惊喜的，但其股价的上升能带来许多兴奋。我记得当我购买 Stop&Shop 的时候，它是一只保守的、有分红的股票，但公司基本面不断地得到改善，最终我认识到手里握有高速增长的股票。

炒股中的安全边际

尽管用来评估股票价值的公式并不复杂，但即使是经验丰富且聪明智慧的分析师在估计未来现金流时也很容易出错。在伯克希尔，我们采用两种方法来对付这个问题。第一，我们努力固守于我们相信我们可以了解的公司；第二，亦是同等重要的，我们强调在我们的买入价格上留有安全边际。

——巴菲特

2008 年美国金融危机爆发后，GE（通用电气公司）股价从 38 美元一路下跌，在大家都不看好时，巴菲特宣布收购 30 亿美元 GE 永久性优先股，并获得在五年里的任何时候以每股 22.25 美元的价格购买 30 亿美元 GE 普通股的权利。巴菲特在接受美国媒体采访时说："我已经观察 GE 这家公司很久了。现在的市场给我们提供了大量的投资机会，而这在六个月或者一年之前是难以想象的。"

中国投资家段永平同样看上了 GE："我在 GE 30 多美元 1 股的时候就关注过，但觉得有点贵，现在已经 6 美元、7 美元了，比它的价值实在低多了"。因为享有很高的安全边际，段永平很快就在 GE 这支股票上获利上亿美元。

为什么要买成长股

> 赚钱的最好方法，就是将钱投入一家中小成长公司，这家公司近几年内一直都出现盈利，而且将不断地成长。
>
> ——彼得·林奇

长期来讲，企业利润的增长幅度与股价的增长幅度将趋于一致，长期投资成长型企业将获得巨额长期收益。同时，企业利润年均增长率不同，长期收益相差巨大，如表1所示。

表1 增长率与获利

利润年均增长（%）	十年后获利
10	2.6 倍
20	6.2 倍
30	13.8 倍
40	28.9 倍

从表1可以看出，长期持有高速成长股，收益将大大超过低速成长股。

遇到困难怎么办

> 本来无望的事，大胆尝试，往往能成功。
>
> ——莎士比亚

当你炒股遇到困难时，请牢记以下名人名言：

（1）成功的秘诀，就是不怕失败，记住失败。

（2）赫尔曼·黑塞说：无法达成的目标才是我的目标，迂回曲折的路才是我想走的路，而每次的歇息，总是带来新的向往。

（3）所谓成功之道，无非是做出正确的选择，然后坚持到底。

（4）人生三大遗憾：不会选择、不坚持选择、不断地选择。

（5）先处理心情，再处理事情。

（6）最困难的时候就是最接近成功的时候。

（7）不为模糊不清的未来担忧，只为清清楚楚的现在努力。

（8）只为成功找方法，不为失败找借口。

（9）每天都是新的，烦恼痛苦不过夜。

基本面分析误区

> 在美国，一个人或一家机构只要将所有的财富长期投资在三家不错的本土公司上，就一定会变得有钱。
>
> ——芒格

（1）基本面分析用于短线投机。

从长期看，股价会反映企业内在价值；短期内，受市场大势、宏观调控、投资者情绪等各种因素影响，股价会频繁波动，与企业的基本面并不相符。所以，不能因为一只股票的基本面很好，就认为股价马上会大涨，短期热点和长期投资价值应区别对待。

（2）依据少量信息投资。

费雪说："一个人如果一个星期只花一个晚上，躺在舒适的扶手椅里浏览一些经济商免费报告，便获得很高的利润，你觉得说的过去么！"

对投资的企业越熟悉，投资成功的概率越高。只凭几则传闻或少数公开报道就做出投资决策，将冒很大的风险。稳妥的做法是：除了从报纸等公开渠道获取信息，还要从企业员工、竞争对手、管理机关、大客户等处获取详尽信息，这样才能对一个企业做出合理判断。

如著名的银广夏事件，该公司用虚假的财务数据和发展前景蒙蔽了很多人的眼睛，大量的机构研究报告也疯狂为这只股票唱赞歌，但也有人坚持实地调查研究，通过公司用电量、海关进出口统计等数据及时发现这是一场陷阱。

过于分散投资

费雪认为：人的精力总是有限的，过于分散化迫使投资人买入很多并没有充分了解的公司股票，而这可能比投资过于集中还要危险。为了降低风险，同时确保收益稳定增长，投资者可重点投资像伊利股份、云南白药、康得新一样的稳定成长企业。

不注重价格

巴菲特说："我们的股票投资策略持续有效的前提是，我们可以用具有吸引力的价格买到有吸引力的股票。对投资人来说，买入一家优秀公司的股票时支付过高的价格，将抵消这家绩优企业未来十年所创造的价值。"

即使是基本面不错的企业，如果成本价过高，也不一定会盈利。如中石油，上市时被称为亚洲最赚钱公司，如果在上市初期买入将被长期套牢，如图1所示。

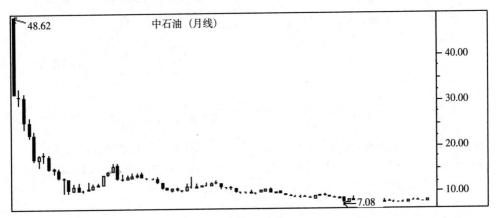

图1　中石油

只看历史数据

买股票就是买未来。前几年的财务数据不能完全说明企业将来的发展前景。投资者还应从企业竞争力、产品热销程度、管理层进取精神等层面全面考察企业未来成长动力。

买在最低

胡立阳曾说：我过去太斤斤计较，总想买在最低点，但对于卖出却是随性为之，结果经常是白忙一场！

因为股价短期内不能体现成长股的价值，所以会有买入后股价继续下跌的情况。如果一味等待"最低点"，可能会错失很多牛股。相对于成长股未来说，巨大的收益空间，暂时的损失不必在意。

赚钱的关键

> 公司经营的成功往往几个月，甚至几年都和它的股票的成功不同步。从长远看，它们百分之百相关。这种不一致才是赚钱的关键，耐心和拥有成功的公司，终将得到厚报。
>
> ——彼得·林奇

举例：2.7 万倍复利回报

近日，一名《北京晚报》的老读者——海淀一位年近七旬的张先生讲述了他的亲身经历：63 年前靠区区 400 块银元，投资于股票市场，今天的市值高达 2800 万元人民币。14 年后，预计这笔资产将超过 1 亿元的门槛。

2.7 万倍复利回报

张先生说，他父亲在 1947 年用 400 块银元兑换了约 100 英镑，购买了英国汇丰银行（以下简称汇丰）的股票。老人当初为何选择投资股市呢？张先生说，具体原因不得而知，但有资料显示，1947 年 3 月，国民党政府宣布实施"经济紧急措施"，禁止黄金及外汇买卖，社会游资都涌向证券市场。

据悉，汇丰成立于上海，是当年极少数在中国市场上能够买到的外国公司的股票。1949 年 5 月，上海解放，上海证券交易所停业，交易市场随之消亡，同年汇丰也撤离中国。

起初，张先生并不知道家里有这样一笔投资。直到 1996 年，他的父亲去世，才说有一笔钱是英国汇丰银行的股票，临终时叮嘱："不可动用。""开始我也不知道是什么股票，后来在 1997 年的时候汇丰银行通知转息，才知道是汇丰的股权证。"张先生说，股权证像一本小册子，一共 7 页纸，全是英文，看不懂。如今，这份股权证一直保存在英国的一家银行。张先生开了两个保险柜，一个存放股权证；另一个用来存放开股权证保险柜的钥匙。

张先生说，他父亲在世以及去世至今这 63 年间从未买入卖出，历次红股、转息，累积到今天，2010 年市值是 270 万英镑。

从 100 英镑到 270 万英镑，增值了 2.7 万倍！63 年复利高达 17.6%！张先生说，以近期英镑和人民币的兑换价约 1 : 10.3614（11 月 30 日）来说，270 万英镑相当于 2800 万元人民币。

汇丰银行为何带来丰厚回报

据悉，香港上海汇丰银行有限公司于 1865 年在香港和上海成立，至今，汇丰银行已经有 145 年的历史。值得投资者注意的是，在发展历程中，汇丰银行是典型的"按季分红"公司，而且是四个季度等额分红，起每年分红基本维持股价的 8%~10%。所以，即使到现在，香港一些老居民都有汇丰的股票。

张先生父亲购买的汇丰银行股票，经历了 63 年的持有，在年复一年的大笔分红积累和股价上涨过程中，至今市值高达 2800 万元也就不足为奇了。

400 块银元的房产投资猜想

那么，400 块银元如果配置在另一种今天炙手可热的资产上，结果又会如何？是否能够达到同样的复利效果？

有人说，1947 年如果用 400 块银元在北京买下一套宅院，今天也可能相当于 2800 万元人民币的资产了。不仅可用、可租，而且可以增值。

张先生又查阅了相关资料。文史专栏作家李开周对民国时期北京和上海的房价有过详细描述：在民国 16 年，有个老中医在上海买的一套房子，值 2.5 万块银元，是幢两层小楼，底层五间，顶层四间，占地半亩，有个小院子，相当于独栋别墅。

张先生算了算在上海买房投资值不值："在上海，400 块银元就甭想买别墅了，估计买个厕所都不行。就按老中医的 2.5 万块银元来说，购买力相当于今天的 250 万元人民币。1927 年买入，至 2010 年共 83 年。占地半亩，相当于 333 平方米，今天按 10 万元一平方米算，总价格在 3330 万元。"

但是，250 万元增至 3330 万元，83 年才增长 13.32 倍，年复合增长率仅为 3.17%，还跑不赢今天的 CPI。"不是买房投资值不值，而是价格合适不合适的问题。"张先生感慨地说，这个结果对今天不看价格就买房的人来说，应该有些借鉴意义。

(摘自：《北京晚报》，2010 年 12 月 5 日)

赚大钱的诀窍

> 最成功的交易商是做长线的交易商。
>
> ——理查·费尔兹

杰西·利物默：我赚到大钱的诀窍不在于我怎么思考，而在于我能安坐不动，坐着不动，明白吗？在股票这行，能够买对了且能安坐不动的人少之又少，我发现这是最难学的。忽略大势，执着于股票的小波动是致命的，没有人能够抓到所有的波动。这行的秘密就在于熊市时，买进股票，安坐不动，直到你认为牛市接近结束。

杰西·利物默

杰西·利物默是美国证券历史上著名的投机者，30岁时成为百万富翁，之前曾反复几次炒股失败，亏光本钱。利物默著名的交易有：预见到1907年10月股市大跌，一天之内做空获利300多万美元；预见到1929年10月股市崩盘，做空获利1亿美元。

安东尼·波顿的绝招

> 在市场极度乐观或极度悲观时，往反方向下注就对了。每次，当我看到全市场的投资人都举手投降时，就像看到股市落底的明确迹象。这一招，我已经用了30年了。
>
> ——安东尼·波顿

市场极度乐观表现在：所有人都在谈论自己赚了多少钱，股票价值严重高估，市场平均市盈率高达50倍左右，垃圾股被爆炒。

市场极度悲观表现在：没有人愿意炒股，大部分人被套牢，市场平均市盈率低至15倍以下，即使公司效益回升，股价也不涨。

市场极度乐观时，股价通常处于相对高点，是卖出的好机会；市场极度悲观时，股价一般处于底部附近，是买进的好机会。

安东尼·波顿

安东尼·波顿是富达国际有限公司总裁，欧洲最杰出的投资大师，有欧洲的彼得·林奇之称。管理的基金28年里年均收益率19.5%，总投资回报超过140倍，是英国乃至世界公认的最成功的基金经理之一。

投资大师何时卖股票

> 如果价格走势与你预期的相反，你为此感到不安，那么最好的解决办法就是立即出场。
>
> ——保罗·都铎

彼得·林奇：90%的情况下，我卖出股票是因为找到了发展前景更好的公司，尤其是我手中持有的公司原来预计的发展情景看起来不太可能实现时。

巴菲特：有时我们会卖出一些估价得当甚至被低估的证券，因为我们需要资金用于价值被低估得多的投资，或者我们相信我们更了解的投资。

杰西·利物默：你在进行交易时，你应该有一个明确的目标，当市场有悖于你时，你在什么价位应该平仓出局。你必须遵守你的规则！绝对不要让风险超过总资金的 10%。

安德烈·科斯托兰尼：崩盘通常以暴涨为前导，而暴涨都以崩盘收尾，一再重复。它们是分不开的搭档。

胡立阳：量能退潮连十天，小心回档在明天。经过多年的辛苦统计，我早在 25 年前便有了关于价量之间互动关系的重大发现。我发现，在一只巨量出现之后的 10 个交易日之内，若没有及时出现更大的量，那么便表示"量能潮"极可能已由涨潮转为退潮。你们已经知道，量是价的先行指标，再不卖不但没有高价，还往往会沦为一路逃命的难民。

成功需要坚持

> 这个世界充满聪明而失意的人，受过良好教育但终日感叹怀才不遇的人……他们有个共性——缺少锲而不舍的精神。
>
> ——柯立芝

1969 年，巴菲特认为股市已经过热，保留现金是最好的选择。他在牛市里持有大量现金的做法引起合伙公司投资人非常不满，他们希望巴菲特追随热点，买入股票赚钱，而不是按兵不动。但巴菲特坚持自己的交易原则，没有合适的机会，绝不投资。为此，他不惜关闭了合伙公司。正是这种对正确理念的不懈坚持，使巴菲特日后取得了骄人的成就。

巴菲特与可口可乐

1919 年，可口可乐公司上市，价格 40 美元左右。一年后，股价降了 50%，只有 19 美元。然后是瓶装问题，糖料涨价，等等。几年后，又发生了大萧条、第二次世界大战、核武器竞赛等等，总是有这样或那样不利的事件。但是，如果你在一开始用 40 美元买了一股，然后你把派发的红利继续投资于它，那么现在，当初 40 美元可口可乐公司的股票，（1998 年）已经变成了 500 万美元。这个事实压倒了一切。如果你看对了生意模式，你就会赚很多钱。

——巴菲特

1988~1989 年，巴菲特买下了 10.23 亿美元的可口可乐股票，使可口可乐股票在伯克希尔的投资组合中占到了 35%。后来增持一部分，到 1997 年，巴菲特持有的可口可乐股票市值达 133 亿美元，十年赚了 10 倍。

可口可乐为什么会大涨?

1984~1987 年，可口可乐的销量增加了 34%，每加仑利润率从 22% 上升到 27%，国外市场也增长迅速，利润从 66600 万美元上升到 111000 万美元。

1997 年，可口可乐每股盈利达到了 41.29 美元，比 1992 年的 16.64 美元增长 1.48 倍，五年复合增长率达 19.9%。

可以说巴菲特买到了一只快速成长股，这是巴菲特在可口可乐这只股票上大获成功的原因。

什么股票是长牛股

> 我认为的长期投资，是指那些为了退休后生活而进行投资的人，15年、20年、30年甚至更长时期。从短期来看，股票市场是在波动；长远来看，它是呈现上升趋势。并且投资风险的大小取决于投资的持有期，如果只投资一年，股票的风险最高，几乎是债券的1倍。但是投资持有期越长，股票的风险就越小，如果投资20年，股票的风险就同债券相差无几了；投资30年，股票的风险只有债券的80%。
>
> ——西格尔

美国的西格尔教授研究发现：1957年3月至2003年12月的46年中，占据美国股市回报率排行榜前几十名的，绝大多数是消费类、医药类企业，部分名单如表1所示：

表1　美国股市回报率排行榜

菲利普·莫里斯公司（烟草）	克瑞公司（工业）
雅培制药公司（医药）	亨氏公司（食品）
百时美施贵宝公司（医药）	箭牌公司（食品）
小脚趾圈实业公司（棒棒糖）	富俊公司（食品）
辉瑞公司（医药）	克罗格公司（超市）
可口可乐公司（饮料）	先灵葆雅公司（医药）
默克公司（医药）	宝洁公司（日用品）
百事可乐公司（饮料）	好时食品公司（食品）
高露洁棕榄公司（日用品）	惠氏公司（医药）

其中，菲利普·莫里斯公司年复合收益率为19.75%，46年增长了4600倍。

费雪：失败是成功之母

> 找到真正杰出的公司，抱牢它们的股票，渡过市场的波动起伏，不为所动。
>
> ——菲利普·费雪

1929 年，美国股市进入疯狂阶段，费雪认为"25 年来最严重的大空头市场即将展开"。可费雪自己"看空做多"，他回忆说："我免不了被股市魅力所吸引，于是我到处寻找一些便宜的股票以及值得投资的对象，以为它们还没涨到位"，于是他买进了 3 只市盈率极低的股票。但股市崩溃后，费雪同样遭受了重大损失。费雪终于明白：决定股票价格的主要因素不是当前的市盈率而是未来预期的市盈率。从此，费雪更新投资理念，着重投资成长股：

1955 年，买进德州仪器，持有七年升值了 14 倍。

1960 年，买进摩托罗拉，持有 21 年获利 19 倍。

索罗斯的忠告

忠告一

最重要的是人品。金融投机需要冒很大的风险，而不道德的人不愿意承担风险。任何从事冒险业务却不能面对后果的人，都不是好手。

巴菲特：①和一个道德败坏的人，无法完成一桩好交易。②选人看准三项特质：正直、智力与活力，若无第一项，后面两项会把你害惨。

忠告二

判断对错并不重要，重要的在于正确时获取了多大利润，错误时亏损了多少。

德艾尔德：资金管理有两个目的：生存下去和获得成功。首先是生存；其次是努力保持稳定的收益；最后是获得巨大的增益。

忠告三

当有机会获利时，千万不要畏缩不前。当你对一笔交易有把握时，给对方致命一击，即做对还不够，要尽可能多地获取。

巴菲特：好机会不常来。天上掉馅饼时，要用水桶去接，而不是用顶针。

忠告四

如果操作过量，即使对市场判断正确，仍会一败涂地。

林奇：通过最大限度地降低风险而获得利润，甚至是无风险而获利，这实质上是高利润。

忠告五

我有认错的勇气。当我一觉得犯错，马上改正，这对我的事业十分有帮助。我的成功，不是来自于猜测正确，而是来自于承认错误。

安德烈·科斯托兰尼：要灵活，并时刻考虑到想法中可能有错误。

忠告六

永远不要孤注一掷。

斯坦利·克罗：操作时务必保持耐性、严守纪律、把眼光放远。

忠告七

炒作就像动物世界的森林法则，专门攻击弱者，这种做法往往能够百发百中。

林奇：谨慎的投资者只在充分研究的基础上才做出投资决策，所冒风险要小得多，而且可以获得稳定的收益。

忠告八

当所有的参加者都习惯某一规则的时候，游戏的规则也将发生变化。

安东尼·波顿：不随波逐流有时候会让你成为一个孤独的人，但事后你会发现，正是这样的反向操作给你带来了收益。

忠告九

如果你的表现不尽如人意，要采取的行动是以退为进，而不要铤而走险。当你重新开始时，不妨从小处做起。

张松允：千万不要想再看一看！祈望等一会儿反弹时再卖，应当机立断。

忠告十

你不用什么都懂，但你必须在某一方面懂得比别人多。

邱永汉：根据自己的经验，也时常这样忠告别人，那就是不论任何事业，业余的都不可能成功。

林奇的忠告

在一个崇高的目标支持下，不停地工作，即使慢，也一定会获得成功。
——爱因斯坦

忠告一

不要相信专家意见。专家们不能预测到任何东西。

忠告二

股票投资是一门艺术，而不是一门科学。

忠告三

购买股票的最佳时段是在股市崩溃或股价出现暴跌时。

忠告四

公司经营的成功往往几个月甚至几年都和它的股票的成功不同步。

忠告五

拥有股票就像养孩子一样：不要养得太多而管不过来。

忠告六

投资成功的关键之一：把注意力集中在公司上而不是股票上。

忠告七

快速增长型公司是我最喜欢投资的类型之一，这种公司的特点是规模小，年增长率为20%~25%，有活力，公司比较新。如果你仔细挑选，你就会发现这类公司中蕴藏着大量能涨10~40倍，甚至200倍的股票。如果资产组合比较小，你只需选对这类公司中的1~2只股票就可以大发一笔。

忠告八

一般消息来源者所讲的与他实际知道的有很大的差异，因此，在做出投资选择之前，一定深入了解并考察公司。

忠告九

在股市赔钱的原因之一，即一开始就研究经济情况，这些观点直接把投资人引入死角。

忠告十

关注一定数量的企业，并把自己的交易限制在这些股票上面，这是一种很好的策略。

在预增预盈股中淘金

40 年来 500 家年度涨幅最大的股票，有 3/4 的个股在大涨之前的季报中，每股收益比上年同期增加了至少 30%。

——威廉·欧奈尔

业绩持续高增长的股票成为牛股的概率非常大，因此，季报、半年报、年报期间上市公司的预增预盈公告就成为发掘牛股的好机会。

在分析相关公告时，重点关注以下几个问题。

业绩增长的质量

如果是靠变卖资产、一次性补贴等业务外收入实现利润增长，就不能算真正的成长，健康的增长方式是主营收入和净利润同步增长。

业绩增长的前景

买股票就是买未来，挑选未来几年业绩有持续增长潜力的公司投资。

注意安全边际

过高的股价透支了公司未来几年的发展潜力，股价持续大幅上涨的可能性不大。

注重资金管理

一旦发现了好机会，要敢于重金投入、长期持有，充分享受成长股高速增长带来的高额资金回报。

牛股基因：小市值成长股

选股首先要研究以前领涨个股的个性，学会分辨这只股票在起"飞"之前其走势有什么特征。

——威廉·欧奈尔

代表新兴市场的小市值公司往往能迅速成长为大市值公司。

欧菲光

主营触摸屏，市值从 2012 年初的 30 亿元快速上涨到 2013 年的 200 多亿元，如图 1 所示。

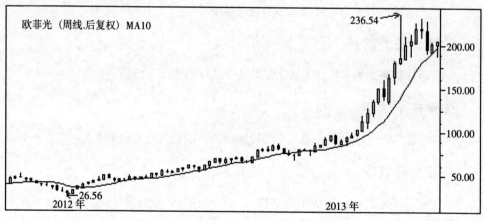

图 1　欧菲光

奥飞动漫

主营动漫产品，2013 年市值从 70 亿元快速成长到 270 亿元，如图 2 所示。

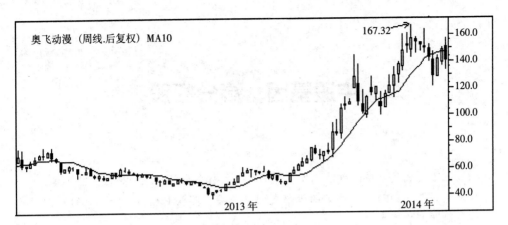

图2 奥飞动漫

牛股基因：高分红股

　　高分红的股票无论在牛市、熊市，表现都好过大盘。据国金证券数据显示，在 2002~2005 年的四年熊市中，年度累计单位分红排名前 30 位的股票这四年的表现依次为 -12.19%、18.59%、7.99% 和 9.51%，而同期两市平均涨幅分别为 -19.67%、-11.81%、-15.54% 和 -12.47%。在 2005~2007 年的三年牛市中，累计单位分红较高的 30 家上市公司，平均涨幅分别为 757%、905%、1060%，而同期所有股票的平均涨幅仅为 508%。

　　例如，云南白药，自 1994 年以来几乎年年都有较好的分红，业绩和股价保持稳定增长，如图 1 所示。

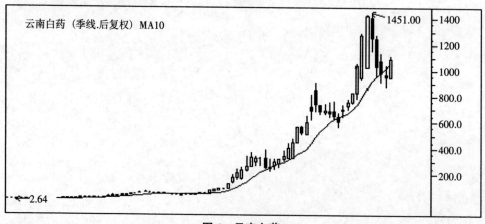

图 1　云南白药

第八部分 性格比头脑更重要

性格与成功

　　股市是最难取得成功的地方之一，这里牵涉到许多人和人性。这也是很难一展所长的地方，因为控制和克服人性十分困难。

　　　　　　　　　　　　　　　　　　　　——杰西·利物默

　　1978年，75位诺贝尔奖获得者在巴黎聚会。有人问其中一位："你在哪所大学、哪所实验室里学到了你认为最重要的东西呢？"出人意料，这位白发苍苍的学者回答说："是在幼儿园。"又问："在幼儿园里学到了什么呢？"学者答："把自己的东西分一半给小伙伴们；不是自己的东西不要拿；东西要放整齐；饭前要洗手；午饭后要休息；做了错事要表示歉意；学习要多思考，要仔细观察大自然。从根本上说，我学到的全部东西就是这些。"这位学者的回答代表了与会科学家的普遍看法：成功源于良好的习惯。

　　1998年5月，华盛顿大学350名学生有幸请来巴菲特和盖茨演讲，当学生们问到："你们怎么变得比上帝还富有？"这一问题时，巴菲特说："这个问题非常简单，原因不在智商。为什么聪明人会做一些阻碍自己发挥全部工效的事情呢？原因在于习惯、性格和脾气。"盖茨表示赞同，他说："我认为巴菲特关于习惯的话完全正确。"

巴菲特怎样投资中石油

> 捉住成功者的重点彻底地模仿，也是一项成功法则。
>
> ——邱永汉

巴菲特与南京大学商学院的学生谈投资：我讲一下投资中石油的案例，大约八年以前，我做的所有的事情就是在办公室阅读它的年报，报告是英文的，写得非常好。我读了报告，和自己说，这个公司应该价值 1000 亿美元左右，然后我看了一下公司的股票交易市值。我一般是先看报告，形成对于公司价值的判断，然后再看公司的价格，否则先看公司的价格会潜意识地影响对于公司价值的判断。如果不受到公开市场报价的影响，我能更好地对公司进行估值。中石油总体市值为 350 亿美元左右。这就像我能用 350 亿美元价格买到 1000 亿美元价值的东西，虽然我不能买到控制权，但是我喜欢这个投资。我没有办法以这个价格购买美孚或者壳牌这样的公司。

有趣的是，我几乎能以差不多的条件购买俄罗斯的石油公司尤科斯，这也是很大的一个石油公司。我思考后决定，购买中国公司会比购买俄罗斯公司要妥善得多。我不知道这两个公司的管理层如何，也不知道这两个公司的石油储备各有多少，真正的差别是一个公司是在中国销售石油，另一个在俄罗斯销售石油。我对于中国要感觉好得多，所以我决定购买中石油。

最终曾经在一个时点，中石油的市值迅速增长到了接近 1 万亿美元的高度，虽然我并没有持有并分享到全部的涨幅。中石油交易非常有意思的一点是，公司在年报中写，他们将把利润的 45% 拿出来进行分红。在其他大的石油公司中，没有任何一个曾经这么写过。但这非常重要，我几乎不记得有美国的那家公司曾经这么书面作出过这样的承诺。中石油信守了承诺。

（摘自：中国新闻网，2011 年 4 月 8 日）

此外，巴菲特在 2008 年致股东的信中也谈到中石油的投资："在 2002 年和 2003 年，伯克希尔用 4.88 亿美元买入中石油公司 1.3% 的股权。按这个价格，这个中石油公司的价值大约为 370 亿美元。查理和我那时感觉该公司的内在价值大约应该为 1000 亿美元。到 2007 年，两个因素使得它的内在价值得到很大提高：油价的显著攀升；中石油的管理层在石油和天然气储备上下的大工夫。到 2007 年下半年，公司的市值上升到 2750 亿美元，大约是我们在与其他大型石油公司比较以后，认为它应该有的价值。所以，我们把手里中石油的股票卖了 40 亿美元。"

简评：在中石油上市时被套的投资者，可以在交易时机上借鉴巴菲特的经验。

不要根据猜测进行交易

股市格言：不要费尽心思去抄底和逃顶，顶部和底部是自然形成的，不是人为设定的，能够吃到中间一段已经算是成功。

"市场其实是一位狂躁抑郁症患者，任何人都无法预测他明天的心情。有些日子，'市场先生'情绪高涨，眼前光明一片，这时他会报出很高的价格；另外一些日子，'市场先生'情绪低落，只看到眼前困难重重，这时他会报出很低的价格。"

——格雷厄姆

"预测市场准确走向几乎不太可能"，"投资切忌在有限的资本上过度买卖。尽管我们可以猜测市场，但是永远不要根据猜测去做自己的操作。"

——江恩

"没有人能预测利率、经济或股市未来的走向，抛开这样的预测，注意观察你已投资的公司究竟在发生什么事。"

——彼得·林奇

"我对总体经济一窍不通，汇率与利率根本无法预测，好在我在作分析与选择投资标的时根本不去理会它。"

——巴菲特

怎样读报买股

> 我总是发现自己埋头苦读很有用处。我发现，如果我只按照自己所理解的行事，既容易又有利可图，而不是要别人告诉我该怎么做。
>
> ——吉姆·罗杰斯

吴耀华的读报分为三步：

第一步：初读。把整张报纸粗略阅读一遍。主要新闻都在头版上面，关注重大事件和政策面上有什么变化。如果有，说明什么问题。带着这些问题，再到其他专刊和栏目中去寻找答案。遇到喜欢文章，就剪下来。

第二步：精读。把文章剪下来以后，慢慢细读重点读。

第三步：反复读。有些经典的文章要反复读，目的是坚定自己的投资理念，相信自己的选择。公司、基金季报、年报都是每个投资者必须反复阅读、反复思考的，并要好好保存，以备比较。

吴耀华说，自己在大牛市中一直持有天津港，翻了好几倍，正是因为看了上证报追踪报道的天津港的发展。而在此前的漫长熊市中，自己看了上证报对东方航空的报道，从3元钱做到6元钱，获益不菲。

(摘自：《上证报》，2011年6月24日)

人的差别在于业余时间

一个人活到六七十岁，大概有 13 年做工作，有十七年是业余时间，此外是吃饭睡觉的时间。一个人能不能成才，关键在于利用你的十七年，能够利用业余时间的人就能成才，否则就不能成才。

——爱因斯坦

哈佛有一个著名的理论：人的差别在于业余时间，而一个人的命运决定于晚上8：00~10：00。每天抽出两个小时的时间用来阅读、进修、思考或参加有意义的演讲、交流、讨论，人生就会发生改变，坚持数年之后，成功就会招手。

大家都说鲁迅是天才，可是鲁迅自己说："哪里有天才！我只是把别人喝咖啡的工夫都用在工作上。"

及时认错才能成功

> 感情上离市场要远一点，以前的看法不对就得及时修改。
>
> ——保罗·琼斯

短线炒手马丁·舒华兹有一次做空 SP500 指数期货，但市场反而不断上涨，舒华兹不相信自己错了，继续增加空仓，认为市场会很快反转。但市场最终涨停了，舒华兹亏损超过 100 万美元。由此，舒华兹意识到："只有先平掉原来亏损的仓位，回到没有持仓的中立状态，你才能看清市场情况。"果断止损后，舒华兹重新按照交易原则冷静操作，以前的亏损很快弥补回来。

1987 年 10 月 19 日，美国股市又一次大崩盘，道琼斯指数一天之内重挫 508.32 点。崩盘前一天，索罗斯量子基金经理杜肯米勒却由做空转为满仓做多。当他意识到做错了时，就在开盘后一个小时内把所有头寸平仓，并反手做空。由于及时认错并果断采取正确措施，该月结束时，他反而止亏转盈、反败为胜。

被誉为"风险管理大师"的莱利·海特认为："不管你多么了解情况、心中多么肯定，总还是有出错的可能，因此一定要严格控制风险，并对最坏的结果有所准备，当风险出现的时候更要及时处理，不能拖延。"

五年赚 70 倍

投资的法则之一是袖手不管，除非真有重大事情发生。

——吉姆·罗杰斯

从王一虹持有盐湖集团（000578）五年增长 70 倍、跃居超级牛散榜超级牛散来看，"捂股"者才是其中的英雄。同样的，刘元生苦守万科 20 年收益率超越巴菲特也说明，超级牛散并非一日而成。

1. 五年增长 70 倍跃居超级牛散榜首

王一虹，2009 年胡润女富豪榜上的名人，彼时她以 21 亿元的身家排名第 37 位。而伴随着盐湖股份（000792）充满"传奇"色彩的转身，她近期又诞生了一个新的身份"传奇"牛散。

盐湖集团自 2010 年 7 月之后一路攀升，在 2010 年 11 月一度高至 78.05 元，此后几度起伏。2011 年化工板块一骑绝尘，而盐湖股份背靠"两湖"合并的背景在二级市场一度掀起风云，使得该股在大盘的雪崩中保持了一定的防御性，自本轮下跌以来，盐湖集团罕见地没有跌去多少。

值得一提的是，根据"两湖"合并方案，两家公司的股东在停牌前都有现金选择权，王一虹的去留也备受市场关注。从 2011 年一季报情况来看，王一虹仍然在持股坚守。以昨日收盘价 56.53 元计算，王一虹的持股市值高达 11.19 亿元，高居两市超级牛散榜首位。

不仅仅是持股市值称雄，王一虹的赚钱速度也相当惊人。王一虹的介入始于 2006 年 9 月，据媒体报道，其成本每股只有 1.27 元。此间，S*ST 数码被盐湖集团重组更名为 ST 盐湖，此后又成功摘帽，股价也如滚雪球似地一路飙升。也就是说，王一虹苦守近五年完成了手中股票市值逾最高 70 倍的增长。仅从 7 月 2 日见底的不到一年时间，王一虹的持股市值最高峰时就增厚了 8 亿元之多，也由此成为近年来赚钱速度最快、赚得最多的牛散。

2. 苦守万科 20 年收益率远超巴菲特

与王一虹一脉相承的还有位居牛散榜眼的刘元生。投资一只股票并牢牢持有 20 年，这件几乎没有人能够做到的事情，刘元生却做到了。1991 年万科 A 以 14.58 元的价格挂牌深交所，如今 20 年过去了，万科 A 复权股价已高达千元，而刘元生就是这样一直持有到今天。

以 2011 年第一季报情况来看，刘元生雷打不动的坚持也使他超越了大部分频繁操作的牛散，其现在持有的万科 A 已达 1.34 亿股，远远超过万科董事长王石和总经理郁亮，仅落后于华润股份排名第二。

而刘元生 20 年来从未出现在 A 股其他任何上市公司的股东名单中，也使得这位牛散更显得特立独行。据了解，这位香港商人对万科 A 的累计投资为 400 多万港元，而经过长达 20 年的投资，当初的 400 余万港元如今已变成 11.01 亿港元的市值。20年增长 275 倍，这一投资增幅远超股神巴菲特，因为巴菲特最骄人的业绩是持有华盛顿邮报 30 年增值 128 倍。

（摘自：中国证券网，2011 年 6 月 24 日）

成功靠什么

> 一定要充实自己，不要让证券专家和报纸的夸大不实宣传影响自己的决定。
>
> ——是川银藏

是川银藏，日本著名的股票大师，在股市拼搏 60 年，创造了无数传奇。他曾说："每个人的一生中，都会碰到两三次的大好机会。能否及时把握这千载难逢的良机，就得靠平常的努力与身心的磨炼。理论与实践的合一，再加上日夜的思考训练，可以增加成功的概率。此外，做重大决策时，往往需要直觉，这个直觉并非来自天赋，而是来自无数次战斗所累积的经验。"

1976 年，日本由于水泥需求急剧下降，中、小水泥厂纷纷停业、倒闭。是川银藏分析后认为，日本水泥公司的下跌走势已经进入谷底，政府为了解决经济下滑，肯定要大规模投资基建，水泥还会暴涨。于是，是川银藏低价买进水泥公司股票。1977 年，水泥行业果然开始复苏，水泥公司股价大幅上涨，是川银藏获利 30 多亿日元。

1981 年 9 月 18 日，爆出"菱刈矿山发现高品质金脉"的新闻，是川银藏通过报道中的数据推断，菱刈矿山是一个价值惊人的金矿，于是立刻买进矿主——住友金属矿山公司的股票。后来勘测证实该矿至少可开采 100 吨黄金，价值 2500 亿日元以上，住友股价开始暴涨，是川银藏因持有住友金属矿山公司 16% 的股份，获利 200 多亿日元，创造了日本股市的神话。

股神不抄底

股市股票的价格与真实的价值相去甚远，因此，就产生了赚钱的机会。

——索罗斯

股神巴菲特不善于"抄底"，很多重仓股都是刚买入就被套，例如，可口可乐买入后不久就下跌超 30%，华盛顿邮报买入两年后才赚回本钱。但后来这些股票都给巴菲特带来了巨大收益，可口可乐更是让巴菲特大赚上百亿美元。

没有人能精确知道底部在哪里，成长股暴跌后仍将回到上升通道。如果坚持寻找最低点，将冒错失牛股的巨大风险。

技术分析注意事项

> 股市格言：买股票如学游泳，不在江河之中沉浮几次，什么也学不会。

（1）使用的分析方法必须用海量数据进行验证，仔细评估该方法的长期收益率、连续亏损次数、连续盈利次数、最大损失数、最大收益数、适用范围等。如果对评估结果满意，再进入实战阶段，切忌只看过几个经典图形就匆忙进入实战。

（2）注重长期收益率。有些短线方法偶尔能抓住一些短期大涨的牛股，但高收益高风险，成功率很低，在以后的交易中会损失掉大部分利润，长期收益不佳。评估一个技术分析方法是否有效，要充分了解其一年、五年、十年的收益率是多少，是否符合自己的要求。

（3）没有十全十美的方法。从感情上说，人们总是厌恶失败、追求完美；从理性上说，完美的事情几乎是不存在的，完美背后总是隐藏着各种缺陷。大多数人在遭受挫折后，会马上修改交易方法，希望新的方法没有失败。但在不断的修改中，离成功越来越远了。只有接受小缺陷，才能接近成功。

（4）技术分析不能预测行情。技术指标只是表达了过去和当前的市场状态，对充满变化的未来却很难预测。江恩早期热衷于用各种复杂的方法预测市场，后来完全抛弃了这些方法，只是简单地追随市场。

巴菲特碰到的坏交易

股市格言：情况不对，立即撤退，这才是生存之本。

1966 年，巴菲特收购了巴尔的摩百货商店 Hochschild-Kohn，当时他认为这家公司的管理层"水平一流"，并具有很宽的"经济护城河"。但因为没有及时跟上购物习惯的变化，该商店经营陷入困境，巴菲特曾称这笔交易是犯下的最大错误。巴菲特意识到了当中的问题后，迅速将该公司脱手。

这就是巴菲特保持成功的原因：迅速承认错误并摆脱他们。

看营收找高成长公司

采取行动之前，必须弄清楚一切可以弄清楚的关于这只证券的公司、公司管理和公司竞争对手的情况，以及公司的盈利状况和未来发展前景。

——伯纳德·巴鲁克

有没有比较简单的方式，分析一家公司的成长性呢？多年来，很多人都在关注每股收益，一个简单、实用的评判成长的重要指标却被忽略了。这个指标就是公司的主营收入。

通过公司主营业务收入这一指标，成长的复杂因素迎刃而解。因为一家公司发展情况最终反映到财务指标上，主营业务收入是一个重要指标。收入是公司利润来源的根本，更是利润的先行指标。与利润相比，收入指标显得更"纯净"。每家上市公司的利润在与投资人见面之时，都可以说是经过不同程度包装的，如投资收益、公允价值变动、补贴收入、营业外收入等都可能是包装材料，在分析利润时要小心剔除这些偶然性因素的影响。而分析公司收入就简单得多。如果收入持续稳定增长，基本上可以判定公司趋势是向好的。

如果一家公司在外部经济环境恶劣的情况下，仍能保持较高的增长速度，这样公司的竞争力就很强，值得投资格外关注。例如，2008年前三个季度国内经济受金融危机影响，宏观经济环境对企业发展相当不利，若这一时期上市公司业务仍能快速增长，则值得重点关注。假设一年前通过下面三个条件选择成长性的公司：①公司主营业务收入同比增长30%；②季度主营收入环比增长30%；③主营三年复合增长率30%。持股一年后，有什么结果呢？根据新东风无忧价值网选股平台的统计，符合上面条件选出的26家公司期间平均涨跌幅142%，比上证指数同期73%的涨跌幅强了近1倍。看样子，这个方法的确是非常有效的。

所以，看公司收入，不能简单地看营业收入是多少，而是结合收入的同比、环比、多年复合增长率等系列指标评判公司的成长。上市公司2009年第三季报已披露完毕，根据新东风无忧价值网选股平台的统计，共有34家公司符合上述选股条件，其中近期暴涨的新农开发（600359）就是其一（见图1）。第三季度，该公司收入同比增长93%，单季收入环比增长111%，三年复合增长32%，股价国庆节后涨幅超过

75%，看来主力也不是闭着眼睛炒作的。

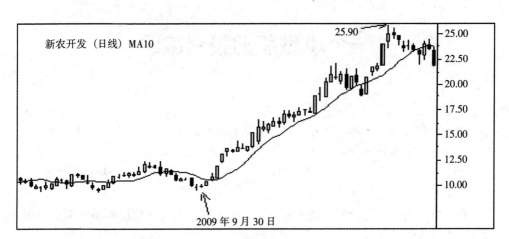

图1　新农开发

（摘自：《新民晚报》，2009年11月14日）

一个小型股的投资故事

> 投机人士必须比一般大众提前发现成长型企业，只有这样，才有机会在合理的价格时进场。
>
> ——科斯托兰尼

以前在香港工作的时候，我曾听过一个香港同业基金投资中小型股票的故事，这个故事在香港很有名。

故事说的是，当时该基金公司觉得一家内地农业公司蕴涵投资机会，为了摸清这家农业公司存不存在"挂羊头卖狗肉"的情况，他们派了一组研究员去该农业公司的田地考察。于是这些研究员们在农地旁边露营了两周，发现耕作的农民都是同一批人，也收割了实实在在的农产品；在听公司说其产品可以外销日本，并有很多海外订单时，另外一组研究员又跑到码头点菜，看看公司实际出口数字跟公司所说的是否一致；过了几天，甚至又派了一组研究员到日本当地观察，看看这些农产品是否真的被送到日本零售市场销售。一番折腾后，这家基金公司最终才确定：关于这个农业公司的一切都是真的。

这家公司的谨慎主要是源于一家名叫欧亚农业的公司的前车之鉴。欧亚农业号称作的是兰花种植，也发展房地产，结果却被发现一切都是假的。

上文被考察的这家公司，盈利率长期在50%以上，也没有太多负债，规模一开始也不大，是个标准的小型企业。由于资料显示的状况太好，加上大家被欧亚农业骗过，因此当时甚至没有券商研究员愿意花时间去对它做研究。而这家香港基金在深入调研后，确信这家农企有长期的机会，于是直接与大股东批股，成了长期股东。要知道，小型股在被人发掘前几乎是没有流动性的，这对任何基金管理人来说意味着巨大的压力，然而该基金却持股三年，最终以平均上涨15倍的价格卖掉。

从这个例子看，如果专业投资机构透过实际调研，发掘机会，长期持有，或许就能摘得别人忽视了的丰厚果实。

众所周知，中、小型基金的管理是所有股票型基金中难度最高的，不只考验基金经理的选股能力，更考验研究团队的调研能力。正如前所述，调研团队必须通力合作，才能"押"到正确的股票。

这只股票就是超大农业，这家基金公司就是在香港上市的惠理基金，它持有超大农业的时间是 2002~2006 年。这样的投资故事就在我们身边上演，需要问的是，我们能抓住这样的机会吗？

（摘自:《中国证券报》, 2008 年 12 月 26 日）

巴菲特：下跌是最好的朋友

> 有了较大的安全边际，即使我们对公司价值的评估有一定的误差，市场价格在较长的时期内低于其价值，公司发展即便是一时受到挫折，也不会妨碍我们投资资本的安全性，并能保证我们取得最低程度的报酬率。
>
> ——巴菲特

巴菲特日前撰文表示，股价下跌才是投资者最好的朋友。如果将来你准备成为股票的净买入者，不管是用你自己的钱直接买入，还是通过持股一家正在回购股票的公司间接买入，股价上涨都会损害你的利益。股价低迷不振反而会增加你的利益。可是，感情因素往往会让事情复杂化：大多数人，包括那些将来会是股票净买入者的投资者，看到股价上涨才会感到内心非常舒服。这样持有股票的投资者，类似于一个经常开车上、下班的人，只是因为他的油箱今天加满了油，就为油价上涨而欢呼。

"我和芒格根本不会期望大多数人听了之后会转变想法认同我们。我们已经观察人类行为多年，深深知道这样做根本不起任何作用。但是，我们确实非常希望你们能够清楚地了解我们个人如何思考和计算。在这里我应该坦白地说，我年轻的时候，也是一看到股市上涨就非常高兴。后来，我读了格雷厄姆写的书《聪明的投资者》，其中第八章告诉投资者应当如何看待股价波动。原来阻挡我的眼光的障碍物马上从我眼前消失，低迷的股价从此成了我最喜欢的朋友。"

（摘自：《证券日报》，2012 年 11 月 30 日）

14 个月涨 10 倍

> 扩充你的市场信息来源；限制你的市场意见来源。
>
> ——理查·费尔兹

2013 年，网宿科技（300017）成为最牛的股票（见图 1）。自 2012 年末算起，14个月内股价暴涨了 10 倍。股价暴涨的原因：一是业绩持续改善，2009~2013 年，净利润分别增长 4.78%、–1.48%、42.97%、89.59%和 128%；二是受益于创业板大涨和互联网行业的爆发。

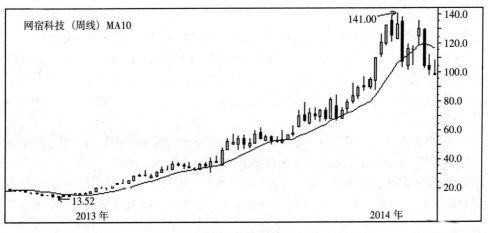

图 1 网宿科技

短线交易注意事项

（1）按计划交易。交易前要制订好交易计划，交易计划不要随意改变，大部分亏损都源于计划外交易。严格按照计划交易胜多亏少，是稳定盈利的必要条件。

（2）顺势而为。短期内，市场受政策、资金、心理等因素影响频繁波动，未来走向不能百分之百确定，顺势而为是最好的投机方式。

（3）及时止损。如果市场走势与自己预期的不同，说明判断出错，应该马上退出，不要恋战。

（4）低买高卖。行情启动初期是最好的介入时机，大涨后追涨的风险很大。

（5）资金管理。资金过于分散，做对了也不会有多少收获；资金过于集中，心理会紧张，不能很好地执行交易计划，而且一旦出现失误，亏损金额过大，则翻本不易。可以根据市场的风险程度和自己的承受能力合理安排资金，散户一般持有 2~3 只股票即可。

（6）把握时机。短线交易不是越多越好，只有机会合适时才要果断出手。如果交易过于频繁，不仅成本太高，出错的概率也很大。

（7）加仓技术。盈利后，如果股价走势仍然符合预期，可金字塔式加仓。切记不可逆势加仓——越亏越买，逆势说明判断错了，逆势加仓就是错上加错，离爆仓不远了。

（8）保持耐心。任何方法都不会百分之百正确。不要因为遇到几次亏损就轻易怀疑交易方法，只要交易方法已被证明是有效的，则坚持下去就是胜利。

（9）坚持原则。短线投机与长线投资是两个不同的交易系统。不能因为看好公司基本面就临时把短线交易改成长线交易。没有充足的准备，常常是短线、长线都没做好，最终陷入困境。

（10）健康心态。每天股市热点频出，如果持有的股票表现一般，大可不必烦恼，只要自己的交易模式能够长期稳定盈利，坚持下来，最终取得长跑冠军的还是自己。

简评：短线交易是一项高难度的技术，只有把各方面都做好，才能立于不败之地。

什么人炒股难

股市格言：人的思想是了不起的，当你专注于某一项事物并一直做下去的时候，你就会做出让自己都感到吃惊的成绩来的。

（1）不愿意吃亏，追求百分百成功的人，炒股难；

（2）互相攀比，希望一朝暴富的人，炒股难；

（3）交易方法复杂的人，炒股难；

（4）不愿意付出辛勤劳动、希望坐享其成的人，炒股难；

（5）犹豫不决、想前怕后的人，炒股难；

（6）频繁交易、追涨杀跌的人，炒股难；

（7）打探消息、没有主见的人，炒股难；

（8）不借鉴成功人士经验的人，炒股难。

沙特王子论投资

　　我总是在寻找同样的东西——国际上知名的跨国公司，它们拥有健康稳固的根基，但是陷入了暂时的困难之中。

　　　　　　　　　　　　　　　　　　　　　　　　　——阿瓦立德

　　1990 年秋，花旗银行因房地产和拉美业务的拖累而陷入困境，被美国联邦储备委员敦促增加储备金，但花旗银行无法及时找到 10 多亿美元资金。投资人害怕花旗破产，疯狂抛售股票，导致股价暴跌。《商业周刊》发文说，"花旗的噩梦愈来愈糟"。

　　就在众人争先恐后、夺命而逃时，沙特王子阿瓦立德以 2.07 亿美元（每股 12.46 美元）买下花旗 4.9%的普通股。次年 2 月，又以 5.9 亿美元买下花旗增发的优先股（可以以每股 16 美元的价格换成普通股），占花旗银行股份的 10%。1991 年底，花旗银行股价下跌到了每股 8 美元左右。

　　1992 年初，花旗银行终于渡过了难关，公司利润和股价大幅回升。此时阿瓦立德已成为花旗最大的单一股东，投资收益达 20 倍，获利百亿美元。

买房与炒股

期待和恐惧是投机者两个最大的敌人。

——理查·费尔兹

（1）在房地产牛市中，几乎所有买房的人都赚钱了。但在 2006~2007 年股市大牛市中，据统计有 30%左右的股民亏损。这是因为，买房的人牛市中大多持房不动、不做短线，股民在牛市中却买进卖出、频繁做短线。

（2）无论股市还是房地产，牛市结束后，试图抄底的人，大部分都会被套牢。

芒格论成功之道

> 一个人只应该做其能力圈中能做的事情，才是成功之道，而通过持续的读书学习，则是最好地拓展我们能力圈的方式。
>
> ——芒格

巴菲特的伙伴芒格介绍成功之道：拥有良好的性格，毫不焦躁地持有看好的股票，并保持浓厚的兴趣去提高自己的能力；在自己的能力圈中做投资，并不断拓展自己的能力圈；等待好的投资机会出现，一旦出现，倾全力集中投资。

芒格认为，投资能力的培养，绝不是靠某一个学科的专业知识所能达到的，在人头脑里形成的由各种思维模型构成的框架，也就是"多元思维模型"，这种框架需要跨学科的学习方法才能获得。

浅论套牢

出现大亏损之后，给自己放个假。卖出所有股票，停止交易几天。在出现大亏损之后，人的大脑迫切地想要"扳回来"，不要屈服于这种心理。

——理查德·罗兹

（1）一旦套牢，资金无法运转，再好的机会也只能放弃，命运完全不受自己控制。

（2）一旦套牢，说明操作方法还不成熟，需要从心理上、技术上尽快找到原因，并加以解决。

（3）为了避免被套牢，一定要耐心等待价格很有吸引力或时机很好时再买入。

（4）为了避免被套牢，要做好资金管理，保证一部分资金出问题时不影响总体资金的安全。

（5）为了避免被套牢，要严格要求自己，坚决不做违反原则的交易。

（6）套牢都是在逆势下发生的，"顺势+止损"是成功的法则。

（7）套牢后，与其茫然等待，不如果断斩仓、主动出击，继续按照成熟的方法交易，可以很快反败为胜。

"羊群效应"与炒股

　　不要追逐人群，听着自己的鼓声节奏前进。参考当时的群众行为你往往会太迟或太早。

　　　　　　　　　　　　　　　　　　　　　　　　——科斯托兰尼

　　"羊群效应"就是俗称的跟风，是一种从众心理。股民往往在从众心理驱使下，不顾风险冲进已经过热的市场，或者跟风买进已经大涨的热点股。市场上永远只有少数人赚钱，如果你做的跟大多数人一样，就预示着与成功无缘。

　　常常有这样的现象：自己本来对选中的股票很有信心，决定长期持有，然而在听到或看到一些不利流言后，信心动摇，提前撤出，后来该股大涨，后悔不迭。因此，投资者对自己成熟的交易方法要有信心，不理会各种流言蜚语，一切以自己的交易规则为准。

　　巴菲特从不跟风：在20世纪末科技股热潮兴起的时候，巴菲特坚持只买自己了解的股票，回避不了解的科技股。为此股东们抱怨不已，要他追随热点投资科技股，但巴菲特坚持信念，绝不盲从。后来，科技股暴跌，巴菲特不仅没有受到损失，还在当年获得不错收益。

跟庄技巧：45度角

如果一只股票沿45度角向上运行，就很有可能是庄家在收集筹码，后市很可能大涨。如江南红箭，股价先是沿45度角上升，然后快速大涨，如图1所示。

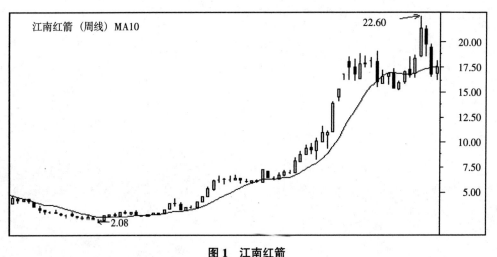

图1　江南红箭

注意事项

（1）上升趋势中，每次回调都是买入机会；

（2）短期大涨导致股价大幅偏离45度角是短线卖出机会；

（3）提前设定好止损位，一旦出现意外，及时止损。

第九部分

炒股的智慧

赢家和输家的区别

> 思路清晰远比卖力苦干重要，心态正确远比现实表现重要，选对方向远比努力做事重要，做对的事情远比把事情做对重要。拥有远见比拥有资产重要，拥有能力比拥有知识重要，拥有健康比拥有金钱重要！——成长的痛苦远比后悔的痛苦好，胜利的喜悦远比失败的安慰好。
>
> ——李嘉诚

赢家：积极寻找机会，看准了，敢于投资；

输家：想法很多，犹豫不决，采取行动的不多。

赢家：顺应趋势，低买高卖；

输家：后知后觉，追涨杀跌。

赢家：制订交易计划，遵守交易计划；

输家：没有计划，有计划也不执行，输赢不知道原因。

赢家：采用简单易行的交易系统；

输家：交易系统复杂、执行困难，或依靠别人。

赢家：用余钱投资，不影响生活，轻松炒股；

输家：还没学会盈利，就重仓投入，心理压力大，收益差。

赢家：一颗红心两种准备，进场前就知道有输有赢，做好止损准备；

输家：只想赢不想输，小亏变大亏。

赢家：不害怕不后悔，坚持成熟的交易方法；

输家：怕跌不敢买，涨了又后悔，随意改变交易方法。

赢家：不急不躁，符合条件才出击；

输家：频繁交易，不符合条件也要赌一把。

赢家：是否继续持股取决于交易原则；

输家：受各种信息干扰，动摇持股信心。

赢家：涨涨跌跌视为平常，追求长期稳定收益；

输家：希望一朝暴富。

赢家：赔钱的股票尽快出手，赚钱的股票尽量保留，赔小钱赚大钱；

输家：稍有盈利即恐慌抛出，赔钱的股票捂着不动，赚小钱赔大钱。

赢家：炒股只是生活的一部分，保持健康的体魄和愉悦的心情；

输家：沉迷于股市，忽略了生活，身心疲惫，严重影响决策。

赢家：不断做正确的交易达到持续获利；

输家：到处碰运气，不知道正确的交易法则。

赢家：专注行动，从不谈论自己持有的股票；

输家：高谈阔论，根据别人的观点进行交易。

赢家：不论输赢，淡定自如；

输家：赢了过分自信，输了疑神疑鬼。

赢家：只用自己熟悉的方法，做自己熟悉的股票；

输家：不断变更炒股方法，不论什么股票都敢做。

赢家：尽量降低交易成本；

输家：跑进跑出，赚的钱少于手续费多。

赢家：看准机会，集中投资，赚大钱；

赢家：资金不多，股票很多，看准机会也赚不到大钱。

赢家：厌恶风险；

输家：不断冒险，成功率低，钱来了但又亏损掉。

赢家：不断学习和试验，获得简易有效的交易方法；

输家：不学习、不付出、凭运气，到头来白忙一场。

黑天鹅事件——投资中的意外

黑天鹅事件是指发生了不可预测的重大意外事件。国家政策、公司管理层、天气、战争等因素都可能引发出乎意料的重大事件，这些事件可能给投资者造成重大损失。运用资金管理策略，避免过于集中持股，可有效降低黑天鹅事件的危害。

举例：昌九生化（600228），稀土重组梦破灭

2012 年，很多投资者预期赣州稀土将注入上市公司昌九生化，于是争相融资买入，引发股价暴涨。但事实是，赣州稀土公告的重组方是威华股份。希望破灭后，昌九生化股价崩盘，连续 10 个跌停（见图1）。忽略风险、重仓融资买入的投机者遭到严重打击。

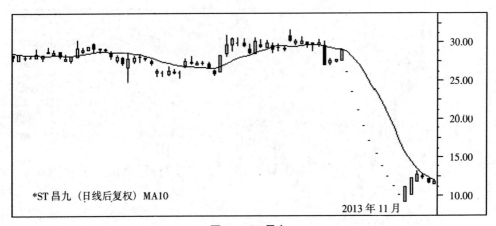

*ST 昌九（日线后复权）MA10

2013 年 11 月

图 1   *ST 昌九

基金 88 魔咒

在多头市场中，大众最先都赚钱，这些钱后来都亏掉了，原因完全是在多头市场中留恋的太久了。

——杰西·利物默

A股市场上，偏股型基金的仓位和指数走势基本同步：当大盘逐步走高时，基金仓位也随之不断上升；当大盘见顶时，基金也几乎满仓，说明基金经理的策略是越涨越买。大盘逐步走低后，基金仓位也是同步下降，并在大盘见底时，仓位达到较低水平。基金仓位俨然成为判断大盘顶、底的反向指标。基金 88 魔咒是指偏股型基金仓位达到 88%附近的时候，大盘往往会见顶回落。这说明经过一轮大涨后，基金已经重仓持有股票，没有资金继续买股；同时，股价上升后，市场上积累了大量获利盘，有获利回吐要求。在多种因素影响下，大盘往往短期见顶，经过充分调整后才会开始另一波行情，如图 1 所示。

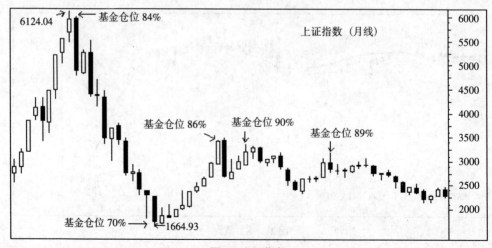

图 1 上证指数

巴菲特最后悔的交易

在 20 世纪 60 年代，整个迪士尼公司的卖价约为 8000 万美元。我们购买了价值 500 万美元的股票，第二年以 600 万美元的价格卖了出去。如果我们一直持有这些股票，到 20 世纪 90 年代中期，那个时候的 500 万美元就已经超过 10 亿美元的价值。

——巴菲特

巴菲特在 1995 年致股东的一封信中说：1965 年迪士尼公司的税前利润为 2100 万美元，但是它所拥有的现金就超过了负债。当时迪士尼乐园投资 1700 万美元的加勒比海盗船才刚刚开幕，公司的全部市值也只有这艘海盗船的 5 倍。

1966 年，巴菲特以 500 万美元买进迪士尼 5% 的股份，第二年就以 600 万美元卖出，赚了 20%。如果保留不卖，这部分股份现值 10 亿美元——这是巴菲特最后悔的一个交易。

亏损的原因

> 论创富，任何事情，都有他的经营法则，如了解这些事物的特性后，自然会建立起其信心价构。要适应这个过程，大概要三年五载的工夫，不是急得来的事情。套用到股市中也一样适用。
>
> ——邱永汉

每个投资者都想盈利，但能实现长期盈利的投资者很少，亏损的投资者占了大多数。亏损的原因是什么呢？

成功者和失败者的区别只有一点：成功者在不断重复成功的方法，失败者在不断重复失败的方法。

有些投资者不知道成功的方法，只能跟随不成功的人使用不成功的方法；有些投资者虽然知道成功的方法，但急功近利，不能长期坚持。

因此，要快速摆脱亏损，首先要向成功人士学习成功方法，然后坚持，就这么简单。

江恩交易法则

成为一个真正"股神"的秘密，就是不要去斤斤计较每一次的买进都非赚不可，而是要尽量提高"大赚"的程度。真的，胜败的关键根本不是在获胜的次数！

——胡立阳

法则一：严格执行止损。
法则二：交易活跃的股票。
法则三：不过度交易。
法则四：不让赚钱的交易变成亏损。
法则五：不逆势交易。
法则六：没有充足的理由不轻易平仓。
法则七：不因赚小利而亏大钱。

炒股智慧：智叟与愚公

务求简单，简单到不必用大脑的地步，不必迷信复杂的技术分析法。

——斯坦利·克罗

愚公领着全家人移山。有一个叫智叟的老头，为人处事很精明，他觉得愚公移山很可笑，对愚公说："你这么大年纪了，怎么可能搬掉两座大山？"愚公说："你的名字叫智叟，可我觉得你还不如小孩聪明。我虽然快要死了，但是我还有儿子，我的儿子死了，还有孙子，子子孙孙无穷尽也。山上的石头却是搬走一点儿就少一点儿，再也不会长出一块石头。我们这样天天搬，月月搬，年年搬，怎么会搬不走山呢？"智叟听了，再也无话可说了。

这个故事告诉人们，无论多么困难的事情，只要有恒心、有毅力做下去，就有可能成功。

简评：有时候我们每年赚的钱看似不多，但年年坚持下去，依靠长期复利，就会变成非常大的一笔财富。我们应做坚持不懈的愚公，不做目光短浅的智叟，简单的事情重复做，就会成功。

炒股智慧：画蛇添足

> 任何事物都应尽可能简洁，但不能过于简单。如果你不努力实现简洁，就会很自然地陷入复杂化的泥潭中。
>
> ——爱因斯坦

古时有几个人分一壶酒。他们都想独自喝完那壶酒，就定了一个规矩：每人在地上画一条蛇，谁画得最快，这壶酒就归谁。其中一个人很快就把蛇画好了，他正打算喝这壶酒时，看见别人还在画着，就一时兴起给蛇添上了几只脚。这时，另一个画好蛇的人一下子把酒壶夺了过去，说："有谁见过长脚的蛇？你画的不是蛇"。

简评：买进1只成长股作为长期投资，只需要安安稳稳坐享公司成长收益就可以了。如果耐不住寂寞，短线跑进跑出，就纯粹是画蛇添足——成事不足，败事有余了。

炒股智慧：选择

几个学生向苏格拉底请教人生的真谛。

苏格拉底把他们带到果园里，"你们顺着一行果树，从这头走到那头，每人摘一个最大的果子。不能走回头路，只有一次选择。"

学生们沿着果树认真选择着。他们到达尽头时，苏格拉底问："你们是否都选择到自己满意的果子了？"

一个学生说，"我刚走进果园时就发现了一个很大的果子，但是，我还想找一个更大的，走到尽头后才发现第一次发现的那个果子就是最大的。"

另一个学生说："我走进果园不久就摘下了一个我认为是最大的果子，可是我后来发现，有很多果子比这个更大"。

"老师，让我们重新选择一次吧！"学生们都请求。

苏格拉底摇了摇头："孩子们，没有第二次选择，人生就是如此。"

简评：炒股就是这样，大多数时候你买进的股票不是股市里涨幅最高的，但我们不可能预知哪些股票是最好的。不必烦恼，接受现实，赚到自己能赚的钱就可以了。

炒股智慧：一张纸折 51 次

一张足够大的纸，把它折叠 51 次，会有多高？

答案是：厚度超过了地球和太阳之间的距离。

简评：这就是复利的力量，稳定的盈利+足够长的时间=意想不到的财富。

炒股智慧：屠龙之技

有一个姓朱的人，跟支离益学习杀龙的本领。他花尽了家产，用了三年时间，终于学会杀龙的本领了。可是，世间哪有龙可杀呢？结果，他学的技术根本就用不上。

简评：有的股民用数年时间、花大量钱财，寻找百战百胜的股市秘笈，可是，这种秘笈真的存在吗？

巴菲特：不要超出自己的能力

巴菲特有关个人能力的评论：

（1）很多事情做起来都会有利可图，但是，你必须坚持只做那些自己能力范围内的事情，我们没有任何办法击倒泰森。

（2）我只做我完全明白的事。

（3）任何情况都不会驱使我做出在能力圈范围以外的投资决策。

（4）对你的能力圈来说，最重要的不是能力圈的范围大小，而是你如何能够确定能力圈的边界所在。如果你知道了能力圈的边界所在，你将比那些能力圈虽然比你大5倍却不知道边界所在的人要富有得多。

（5）就算美联储主席格林斯潘偷偷告诉我他未来两年的货币政策，我也不会改变我的任何一个作为。

（6）我是一个非常现实的人，我知道自己能够做什么，而且我喜欢我的工作。也许成为一个职业棒球大联盟的球星非常不错，但这是不现实的。

（7）对于大多数投资者而言，重要的不是他到底知道什么，而是他们是否真正明白自己到底不知道什么。

（8）如果我们不能在自己有信心的范围内找到需要的，则不要扩大范围，只有等待。

（9）投资必须是理性的。如果你不能理解它，就不要做。

（10）我们的工作就是专注于我们所了解的事情，这一点非常非常重要。

巴菲特：怎样学习投资

如何决定一家企业的价值呢？——做许多阅读：我阅读所注意的公司的年度报告，同时我也阅读它的竞争对手的年度报告。

——巴菲特

（1）开始存钱并及早投资，这是最值得养成的好习惯。

（2）我从 11 岁开始就在作资金分配这个工作，一直到现在都是如此。

（3）没有一个能计算出内在价值的公式，你得懂这个企业。

（4）如果你基本从别人那里学知识，你无须有太多自己的新观点，你只需应用你学到的最好的知识。

（5）波克夏就像是商业界的大都会美术馆，我们偏爱收集当代最伟大的企业。

（6）如开始就成功，就不要另觅他途。

（7）一个杰出的企业可以预计到将来可能会发生什么，但不一定知道何时会发生。重心需要放在"什么"上面，而不是"何时"上。如果对"什么"的判断是正确的，那么对"何时"大可不必过虑。

（8）通过定期投资于指数基金，那些门外汉投资者都可以获得超过多数专业投资大师的业绩！

（9）你所找寻的出路就是想出一个好方法，然后持之以恒，尽最大可能，直到把梦想变成现实。

（10）我从来不曾有过自我怀疑。我从来不曾灰心过。

附录　经典短线牛股K线图

乐通股份（002319）

因为推出了10股转增10股的高送转方案和产品涨价，股价两个月内上涨2倍，如图1所示。

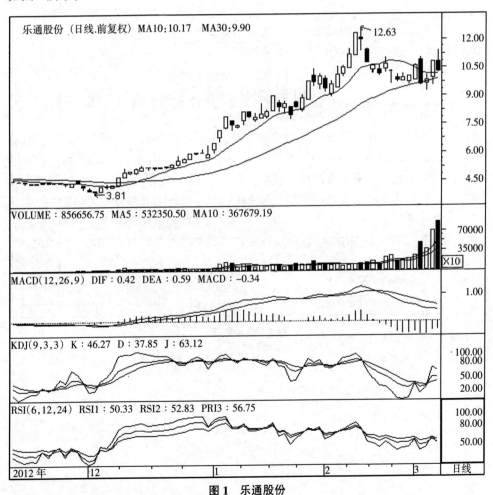

图1　乐通股份

北斗星通（002151）

北斗概念股成为市场热点，龙头股北斗星通半个月涨了1倍，如图2所示。

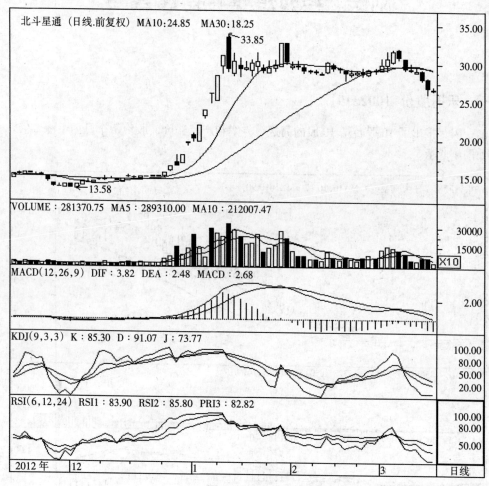

图2 北斗星通

联创节能（300343）

游资借高送转等传闻爆炒，19 个交易日上涨近 3 倍，如图 3 所示。

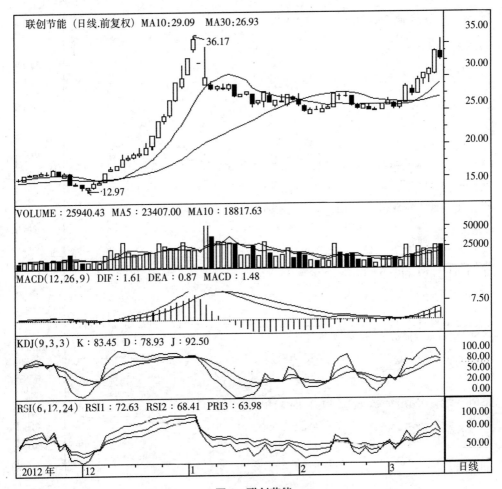

图 3　联创节能

山东地矿（原 ST 泰复 000409）

被重组为"山东地矿"，因涉足金矿，股价大涨近 4 倍，如图 4 所示。

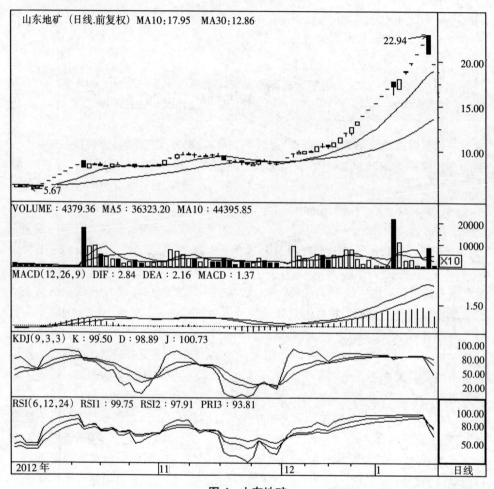

图 4　山东地矿

莱茵生物（**002166**）

2009 年 4 月，墨西哥、美国爆发新型猪流感疫情，相关概念股莱茵生物被反复炒作，如图 5 所示。

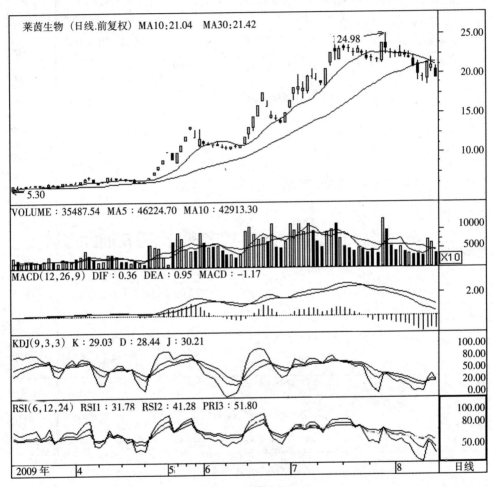

图 5　莱茵生物

光线传媒（300251）

受益于电影《泰囧》热映，开始启动一波大行情，如图 6 所示。

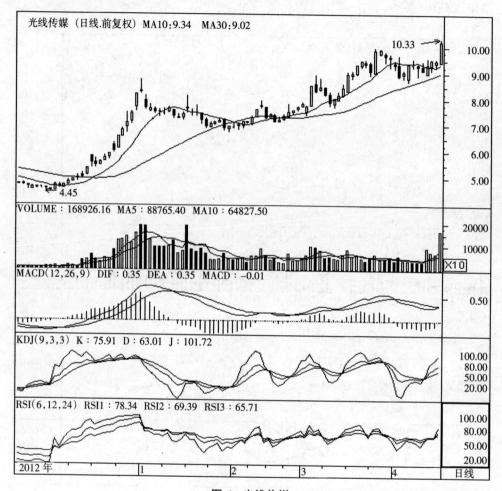

图 6　光线传媒

潜能恒信（300191）

发布与中海油合作勘探石油公告，股价在弱市连续暴涨，如图7所示。

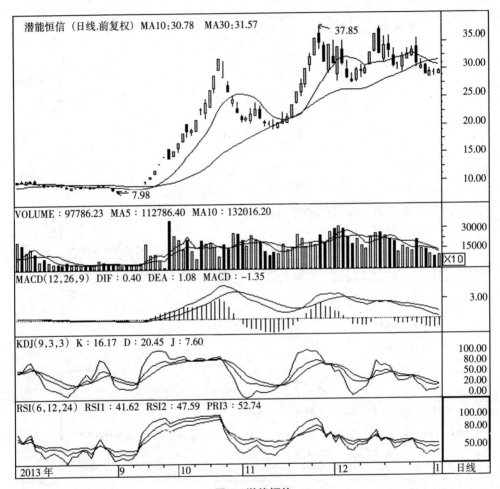

图7 潜能恒信

上海钢联（300226）

因创业板牛市、从事热门的互联网电商业务，股价4个月上涨5倍，如图8所示。

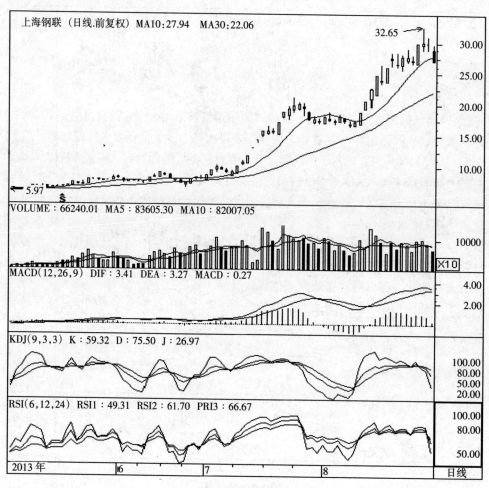

图8 上海钢联

营口港（600317）

受振兴东北计划、中韩自贸区、航运业复苏等多重利好影响，营口港股价快速拉升，如图 9 所示。

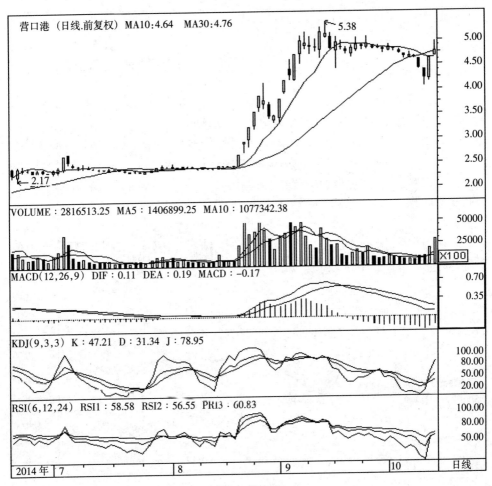

图 9　营口港

上海物贸 （600822）

上海自贸区概念成为热点后，造就了外高桥、上海物贸等一大批短线黑马，如图 10 所示。

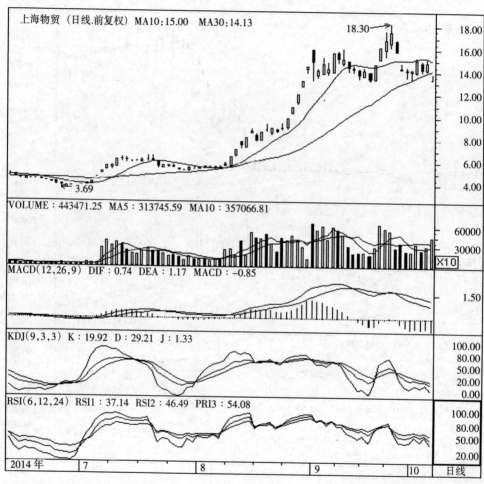

图 10　上海物贸

广船国际 (600685)

低价股在大牛市特别容易爆发，上涨几十倍，如图 11 所示。

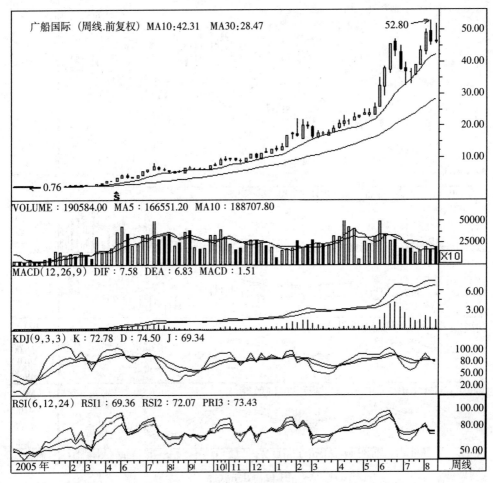

图 11　广船国际

卫宁软件（300253）

创业板牛市促使股价大涨，如图 12 所示。

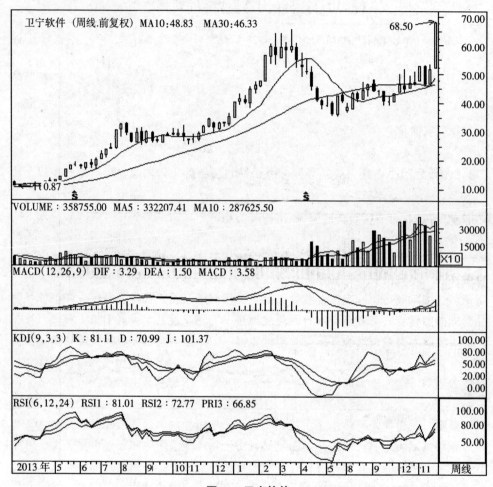

图 12　卫宁软件

中集集团（000039）

因业绩高增长，熊市也能上涨近 10 倍，如图 13 所示。

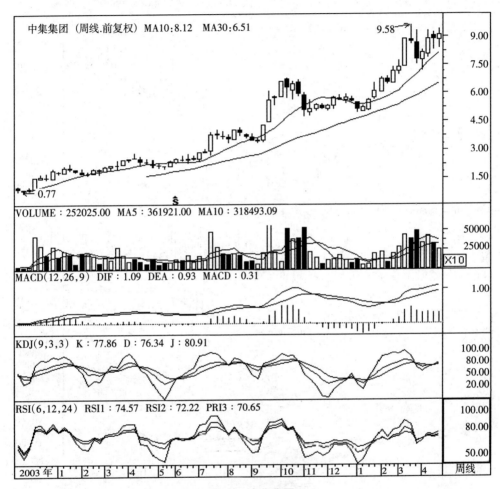

图 13 中集集团

石油济柴（000617）

出售资产后，重组预期强烈，8个月上涨近3倍，如图14所示。

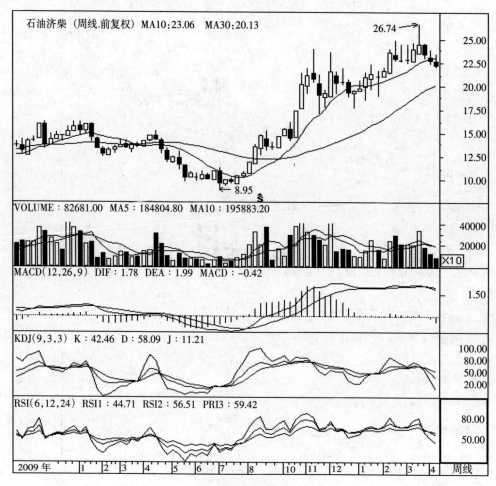

图14　石油济柴

中国铝业（601600）

大涨又大跌，<u>止盈止损很重要</u>，如图 15 所示。

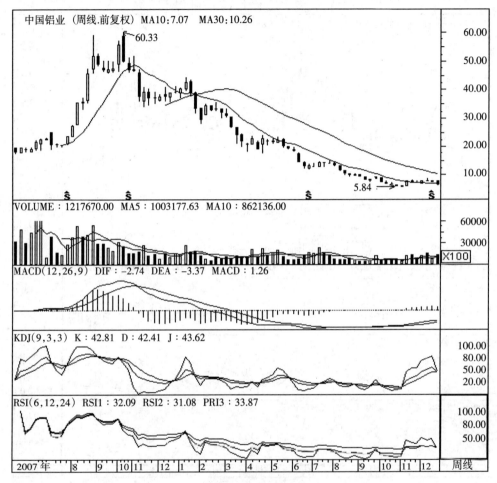

图 15　中国铝业

厦华电子（600870）

股价大幅振荡，买卖时机要把握好，切忌高买低卖，如图 16 所示。

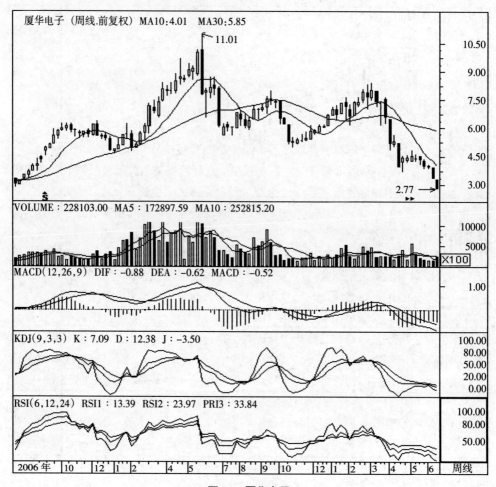

图16 厦华电子